NONGMINGONG ZINÜ
YIDI ZHONGKAO ZHENGCE YANJIU

农民工子女
异地中考政策研究

吴霓　朱富言 著

教育科学出版社
·北 京·

前　　言

高中阶段教育普及程度是衡量一个国家或地区教育发展水平和国民素质的重要指标。中共中央、国务院发布的《国家中长期教育改革和发展规划纲要（2010—2020年）》提出，未来10年要"加快普及高中阶段教育"，到2020年高中阶段教育毛入学率要达到90%。因此，积极发展高中阶段教育事业，加快普及高中阶段教育，对于提高国民受教育水平、全面提升我国整体教育水平、适应普及九年义务教育后人民群众对高中阶段教育日益增长的需求、落实科教兴国战略，具有十分重要的意义。

近年来，随着进城农民工规模的扩大，跟随父母流动至城市或者出生在城市的农民工随迁子女（下文统称为"农民工子女"）也呈现出越来越多的趋势。在政府和社会的广泛关注与努力下，农民工子女在城市接受义务教育的问题开始得到逐步解决。但是，随着时间的推移，义务教育已不能满足农民工子女对教育的需求，有相当一部分农民工子女家长希望孩子初中毕业后能够继续接受更高阶段的教育。然而，高中阶段教育属非义务教育性质，且高中教育与高考制度紧密相连，当前大部分城市的高中教育资源相对短缺，再加上制度和现实环境的因素，因此农民工子女面临着无法在城市参加升学考试等诸多难题。如何满足将来规模巨大的农民工子女的高中阶段教育需求，成为目前和将来一个时期亟待解决的问题。对此，《国家中长期教育改革和发展规划纲要（2010—2020年）》也进行了规划，在第四章"义务教育"中明确提出，"研究制定进城务工人员随迁子女接受义务教育后在当地参加升学考试的办法"。因此，对农民工子女在城市参加"异地中考"的政策和实践进行探索，并将之列入下一步教育改革的日程，是教育发展的当务之急。

从现状和政策环境分析来看，当前实施农民工子女“异地中考”仍困难重重。

首先，农民工子女异地中考政策在大多数省份尚为政策空白区。仅有部分城市或省份对农民工子女异地中考政策作出了详细规定，大多数地区的农民工子女要继续升学，只得回到原籍参加中考。

其次，当前部分地区出台的农民工子女异地中考政策仍有较大的改进空间。部分城市的政策规定繁琐，涉及部门众多，而且规定只有数量有限的学校才能接纳需要借考的学生，给需要异地中考的学生及其家庭带来了诸多不便。

再次，农民工子女异地中考政策尚未与高考制度挂钩，是一个孤立的政策。目前的中考政策只在一定程度上解决了部分流动青少年儿童高中阶段教育的就读问题，但未考虑结束高中阶段教育后的出路选择，即使农民工子女在城市接受了高中教育，但其参加高考仍需回到原籍。由于异地中考政策缺乏系统性，其实际实施效果难以取得社会效益最大化。

当前异地中考政策规定的缺失与不完善，在一定程度上使得大量的农民工子女在城市接受高中阶段教育的希望落空，在给农民工家庭造成诸多不便、增加诸多负担的同时，也影响着普及高中阶段教育这一目标的实现。

据此，有必要研究制定农民工子女接受义务教育后在当地参加升学考试的办法，对农民工子女异地中考政策进行系统分析，全面了解当前异地中考政策的实施状况，科学认识其实施效果，客观分析造成当前异地中考政策问题的原因，并提出予以有效解决的对策和思路。

本书按照“提出问题—分析问题—解决问题”的思路层层展开。在回顾相关文献的基础上，通过对全国异地中考政策的梳理，结合对5个城市异地中考政策的实地调研，综合运用定性研究与定量研究等方法，以期能准确把握当前异地中考政策的出台背景，深刻了解异地中考政策问题的现状，分析造成异地中考问题的主要原因，并探讨在全国范围内实施这一政策的可能性，为国家决策部门最终出台流动人口异地就学、升学政策提供参考。

就研究的结构逻辑而言，本书对研究的主要内容作出如下的安排：

第一章讨论了研究背景、研究目的、思路框架、研究内容与方法以及研究意义，并对相关的研究概念进行了界定。

第二章是对研究文献的综述。这一部分主要梳理了教育公平理论和教育投资产出理论的研究渊源，确保本书的实证研究在理论上的衔接性，为后文的立论提供理论铺垫。同时，通过对国内外相关研究文献进行分析评介，指出了当前这些研究的意义与局限，以保证研究角度的科学性与合理性。

第三章讨论了异地中考政策问题的状况。本部分从国家和省市层面对这一政策进行了梳理，并结合对5个城市的实地调研，对异地中考政策的出台实施状况及实施效果进行了宏观分析。

第四章至第八章分别对北京、石家庄、合肥、贵阳、兰州5个城市的农民工子女异地中考政策进行了分析，并具体就上述城市各自异地中考政策的现状、各相关方面人员的认知与态度、对农民工子女的心理及出路选择的影响等进行了讨论。

第九章探讨了造成异地中考政策问题的原因。通过对教育资源配置、户籍制度以及高考制度等方面的分析，探讨了造成农民工子女异地中考难的原因。

第十章从个人、家庭和社会等角度分析了影响农民工子女参加异地中考意愿的因素。

第十一章对异地中考政策进行了展望。该部分首先分析了农民工子女规模的发展态势，这是未来制定异地中考政策的依据和出发点；同时，要科学认识实施异地中考政策的可行性与可能性，需要对其实施条件进行全面的SWOT分析。

第十二章为结论与建议。针对前述分析，对异地中考政策问题进行全面总结，并提出可行的对策建议。

附录一为农民工子女相关政策规定，附录二为各地农民工子女异地中考探索与实践报道案例索引表。

目　　录

第一章

导论

一、问题的提出

二、研究目的

三、研究思路与框架

四、研究内容

五、相关概念的界定

六、资料来源与研究方法

七、研究意义

一、问题的提出

（一）普及高中阶段教育是我国教育未来发展的重要战略方向

教育优先发展是党和国家提出并长期坚持的一项重大方针。党的十七大报告将“教育”置于民生六大任务之首，并提出“优先发展教育，建设人力资源强国”，“加快普及高中阶段教育”。《国家中长期教育改革和发展规划纲要（2010—2020年）》更明确提出：“到2020年，普及高中阶段教育，全面满足初中毕业生接受高中阶段教育需求。”因此，如何保障教育的公益性和普惠性，保障人民享有接受良好的教育的机会，形成惠及全民的公平教育，实现基本公共教育服务均等化，将是我国政府的一项重要战略性任务。其中，让每一个学生都能平等接受高中阶段教育，是这一战略性任务的一个非常重要的方面。

作为教育体系中承上启下的教育类型，高中阶段教育对于义务教育和高等教育的发展具有重要影响，它一方面承担着为学生接受更高层次教育做准备的任务，另一方面也同时承担着培养学生将来走向社会、适应社会的基本能力的任务。高中阶段教育对基础教育的发展和质量的提升有着重要的影响，同时，对高等教育发展也具有重要的促进作用，可以说，高中阶段教育是人力资源转化为人才资源、人口负担转化为智力优势的重要环节。积极发展高中阶段教育事业，加快普及高中阶段教育，对于提高国民受教育水平、全面提升我国整体教育水平、适应普及九年义务教育后人民群众对高中阶段教育日益增长的需求、创造全面推进素质教育的良好环境、提高国民素质和培养创新人才、落实科教兴国战略具有十分重要的意义。

改革开放三十多年来，我国各级各类教育事业均取得了长足进步，高中阶段教育也进入了一个迅速发展的新时期，高中阶段毛入学率从改革开放初期的12%，提高到2009年的79.2%这一历史最高水平。根据《2009年全国教育事业发展统计公报》，2009年全国高中阶段教育（包括普通高中、成人高中、中等职业学校）招生1698.86万人，在校学生4640.91万人。其中，普通高中招生 830.34 万人，在校生 2434.28 万人；中等职业教育（包括普通中等专业学校、职业高中、技工学校和成人中等专业学校）招生 868.52 万人，在校生 2195.16 万人。每年大量的新增高中阶段教育毕业生进入劳动力市场，新增劳动力文化素质明显增强，有力地提升了现代化建设水平。

《国家中长期教育改革和发展规划纲要（2010—2020 年）》提出，到 2015 年高中阶段教育毛入学率要达到 87%，到 2020 年要达到 90%。因此，要实现 2020 年普及高中阶段教育的目标，必须全面考虑相关教育政策，并根据社会形势的发展作出适当调整，以使得每一个社会群体都有平等的机会接受高中阶段教育，满足社会各个群体对高中阶段教育的需求。

（二）农民工子女规模巨大，异地中考意愿强烈，困难大

农民工群体是我国经济、社会各领域诸多社会变迁的产物，其大规模的出现引发了全社会的广泛关注。1984 年，国务院发布《关于农民进入集镇落户问题的通知》，在一定程度上放松了对农村人口进入中小城镇的控制，为人口流动创造了政策条件，农民工群体开始逐步步入社会视野，并呈现出较快的增长趋势。

根据国家统计局 2008 年 2 月公布的第二次全国农业普查数据，2006 年全国农村总劳动力资源为 5.31 亿人，其中外出从业劳动力 1.32 亿人①，而且在今后相当长的一段时期内农村流动劳动力的规模仍将进一步扩大②。与之相对应的是，流动人口“不流动”现象以及流动人口“家庭化”现象正在逐步地成为流动人口的新趋势，流动的农民工常年在外，在当地站稳脚跟后且在经济条件许可的情况下，安排子女随迁并在流入地生活、就学。随着农民工规模的扩大，跟随父母流动至城市或者出生在城市的农民工子女也呈现出越来越多的趋势，农民工子女正成为流动人口的重要组成部分，农民工子女的教育问题也随之突出，已成为国家和社会各界高度关注的热点问题。

---

① 国家统计局．第二次全国农业普查主要数据公报（第一号）．2008-02-21．

② 于学军．完善服务管理体制 引导人口有序流动［J］．人口与计划生育，2008（12）．

根据2000年“第五次全国人口普查”0.95‰数据推算，2000年流动人口规模为1.023亿人，12—14周岁的初中适龄流动少年儿童规模为275.16万人。从流动青少年儿童的户籍属性看，2000年12—14周岁流动青少年儿童中有69.63%是农业户籍，即12—14周岁农民工子女规模达到191.58万人。

根据2005年国家统计局1%人口抽样调查数据推算，全国流动人口达1.4735亿人，12—14周岁的初中适龄流动少年儿童规模为361.31万人。从流动青少年儿童的户籍属性看，2005年12—14周岁流动青少年儿童中，78.66%是农业户籍，其规模达到284.19万人。

也就是说，5年的时间内，农民工子女初中阶段的人口数增加了近100万，而且数量还在不断地增加之中。

在政府和社会的广泛关注与努力下，农民工子女的义务教育状况开始得到逐步解决。但是，随着社会发展对劳动者技能要求的提高，义务教育已不能满足社会对教育的需求，有相当一部分农民工子女家长希望孩子初中毕业后能够继续接受更高阶段的教育，高中阶段教育需求将逐步成为大多数流动人口家庭的教育选择底线。同时，“普及高中阶段教育”目标的确立，也为农民工子女的初中后教育需求创造了客观条件，如何满足将来规模巨大的农民工子女的高中阶段教育需求成为亟待解决的问题。

然而，当前农民工子女在城市接受完初中教育毕业后通常面临着四种选择：留城念高中或中职；留城就业；回原籍念高中或中职；回原籍就业。由于高中阶段教育属非义务教育性质，且由于高中阶段教育与高考制度紧密相连，当前的大部分城市的高中阶段的教育资源相对短缺，农民工子女即使在城市继续接受教育，也需要在流入地和流出地两地间办理诸多繁琐的手续，同时需要缴纳高额的“借读费”、“赞助费”等，高考还必须回原籍参加。如果农民工子女回原籍参加中考，由于各地课程改革程度和教材存在较大差异，教学内容难以衔接，返乡后可能很难适应当地中考，一个直接的后果便是很多学生不得不在初二就要返乡适应原籍的中考模式。当前异地中考政策规定的缺失与不完善，在一定程度上让大量的农民工子女在城市接受高中阶段教育的希望落空，在给农民工家庭造成诸多不便、增加诸多负担的同时，也影响着普及高中阶段教育这一指标的实现。

针对这一新的状况，《国家中长期教育改革和发展规划纲要（2010—

2020 年)》指出，要“制定进城务工人员随迁子女义务教育后在当地参加升学考试的办法”。因此，未来 10 年中国教育的发展，必须要着眼于未来农民工子女的教育需求来制定并调整相关教育政策，必须为农民工子女创造享有平等受教育权的政策环境和社会环境，让教育发展惠及他们，让其能平等、顺利地接受高中阶段教育。

表 1－1　12—14 周岁流动青少年儿童与农民工子女规模

单位：人

流动青少年儿童规模			农民工子女规模	
年龄	2000 年	2005 年	2000 年	2005 年
12 岁	905263	1236059	626316	979962
13 岁	936842	1161369	650526	900088
14 岁	909474	1215641	638947	961839
合计	2751579	3613069	1915789	2841889

资料来源：根据 2000 年“五普”0.95‰数据、2005 年 1% 人口抽样调查数据计算得出。

（三）现有异地中考政策存在着诸多不完善之处

为切实解决农民工子女异地接受教育的问题，近年来国家相继颁布了一系列政策文件，极大地促进了农民工子女在流入地接受义务教育问题的解决。

2003 年 1 月，国务院办公厅颁布了《关于做好农民进城务工就业管理和服务工作的通知》，要求多渠道安排农民工子女就学，保障农民工子女接受义务教育的权利。2003 年 9 月，国务院办公厅转发教育部、中央编办、公安部、发改委、财政部、劳动保障部《关于进一步做好进城务工就业农民子女义务教育工作的意见》，明确提出了“由流入地政府负责为主，以全日制公办中小学接纳为主”的解决农民工子女教育问题的“两为主”政策，要求建立农民工子女接受义务教育的经费筹措保障机制，明确了流入地政府各职能部门对农民工子女接受义务教育工作的责任。2006 年 3 月，国务院发布《关于解决农民工问题的若干意见》，要求保障农民工子女平等接受义务教育，输入地政府要将农民工子女义务教育纳入当地教育发展规划，列入教育经费预算，以全日制公办中小学为主接收农民工子女入学，并按照实际在校人数拨付学校公用经费。2007 年，党的十七大报告中又明确提出要保障进城务工人员子女平等接受义务教育。这一系列政策的颁布为农民工子女平等地接受义务教育提供了政策上的依据和保障。

但是，这一系列政策只对如何保障农民工子女完成义务教育进行了政策规定，未与高中阶段教育进行有效衔接，对义务教育与高中阶段教育的衔接方式——中考，尤其是异地中考政策未作进一步的探索与修正，在一定程度上影响了农民工子女在城市接受高中阶段教育。从当前的异地中考政策现状来看，尚存在以下不完善的地方。

首先，异地中考政策在大多数省份尚为政策空白区。

各地现行的中考政策大都是面向本地户籍的学生，对农民工子女缺乏相应的政策设计与支持。目前，仅有部分城市或省份，如合肥、赣州、兰州、太原、乌鲁木齐、福建等地对异地中考政策作出了详细规定，大多数地区未对异地中考政策作出规定，农民工子女需要回原籍参加中考。

其次，当前部分地区出台的异地中考政策仍有较大改进空间。

部分城市的异地中考政策规定繁琐，涉及部门众多，而且规定只有少数指定的学校才能接纳需要借考的学生，给诸多需要异地中考的学生及其家庭带来了诸多不便。例如，部分城市规定，办理异地中考只面向本省内的农民工子女，跨省农民工子女仍需回户籍所在地参加中考；办理异地中考的手续需要提供的相关证明材料复杂；具有接纳异地借考生的学校仅集中在少数示范高中或职业学校，且名额非常少，有限的接纳能力远远不能满足数量庞大的农民工子女的教育需求，致使许多农民工子女不得不回到原籍参加中考。

再次，异地中考政策未与高考制度挂钩，是一个孤立的政策。

参加中考的学生中相当一部分是为了追求高等教育，即需要通过高考来接受高等教育。但目前的中考政策只在一定程度上解决了部分流动青少年儿童高中阶段教育的就读问题，未考虑结束高中阶段教育后的选择与出路方向，即使农民工子女在城市接受了高中教育，但其参加高考仍需回到原籍，政策缺乏系统性，其实际实施效果难以取得社会效益最大化。

综合上述分析，有必要对农民工子女异地中考政策进行系统分析，全面了解当前异地中考政策的实施状况，科学认识其实施效果，客观分析造成当前异地中考政策问题的原因，并提出予以有效解决的对策与思路。

二、研究目的

2010年3月5日，国务院总理温家宝在十一届全国人民代表大会第三次会议所作的《政府工作报告》中提出，“推进户籍制度改革，放宽中小城市和小城镇落户条件。有计划有步骤地解决好农民工在城镇的就业和生活问题，逐步实现农民工在劳动报酬、子女就学、公共卫生、住房租购以及社会保障方面与城镇居民享有同等待遇”。作为解决农民工子女在城市接受高中阶段教育的重要政策保证，异地中考政策应列入下一步教育改革的日程。据此，对异地中考政策进行系统梳理，探讨这一政策难以实施的深层次原因，有助于国家和各地区制定行之有效的措施，以保证农民工子女在城市能平等、顺利地接受高中阶段教育。

在回顾相关文献研究的基础上，本书试图解答以下方面的问题：

1. 异地中考政策在全国各地是怎样的状况？其具体规定有何差别？如何看待这些政策的效果？

2. 造成农民工子女异地中考难问题的原因，除了政策自身的设计缺陷，是否还有更深层次的社会、经济原因？

3. 作为制定与修正未来相关教育政策的出发点和依据，制定异地中考政策的有利条件和不利条件有哪些？

4. 根据上述研究，结合农村农民工子女的人口发展态势，应如何制定异地中考政策战略与措施？

三、研究思路与框架

根据上述研究目的，本书按照“提出问题—分析问题—解决问题”的思路层层展开。中考政策是教育政策的组成部分，属公共政策的范畴，本书通过对目标群体（学生、家长、教师）的问卷调查和对教育主管部门领导、学校校长的访谈，了解政策实施的现状并对其实施后的社会效果进行评价，发现并提炼异地中考政策存在的问题，结合社会经济等层面的因素进行分析，并据此提出有针对性的对策建议，为国家决策部门最终出台流动人口异地就学、升学政策提供参考。

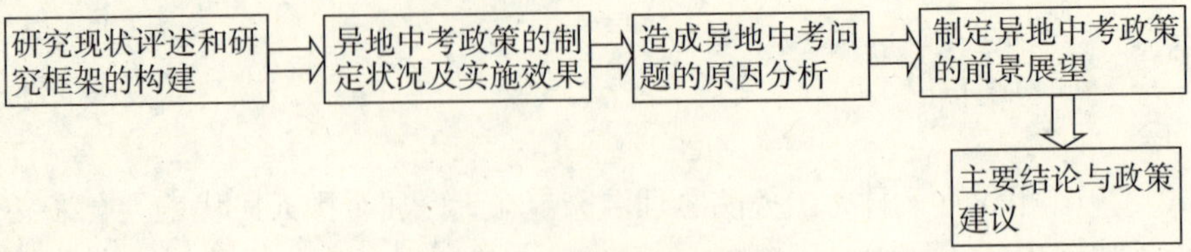

图1-1　本书的研究思路

首先，根据当前的教育改革与发展背景，指出农民工子女的高中阶段教育需求强烈，但由于异地中考制度的缺陷，存在着义务教育与高中阶段教育衔接不顺畅的问题，造成了这一群体平等享有教育权方面的困难。通过对全国以及省市层面的异地中考政策的制定状况的梳理，分析当前异地中考政策存在的问题。

其次，通过区域内经济与产业对当前教育资源配置机制、户籍制度和高考制度的分析，指出地区间教育资源布局的不均衡、二元体制的城乡发展格局是造成异地中考问题的深层次原因。

再次，要有效解决农民工子女难以在城市参加中考的局面，需要结合流动人口的发展态势，合理认识制定异地中考政策的有利条件和不利条件，以奠定未来相关教育政策的基础，制定切实可行的举措，并为之做好各种组织、制度以及其他配套措施保障，以科学、有效地解决农民工子女异地中考的问题。

四、研究内容

通过对全国异地中考政策的梳理，结合对5个城市异地中考问题的实地调研，以期能准确把握当前异地中考政策的出台背景，深刻了解异地中考政策问题的现状，分析造成异地中考问题的主要原因，并探讨在全国范围内实施这一政策的可能性，为国家决策部门最终出台流动人口异地就学、升学政策提供参考。

就研究的结构逻辑而言，本研究对研究的主要内容作出如下的安排：

第一章讨论了研究背景、研究目的、思路框架、研究内容与方法以及研究意义，并对相关的研究概念进行了界定。

第二章是对研究文献的综述。这一部分主要梳理了教育公平理论和教育投资产出理论的研究渊源，确保本书的实证研究在理论上的衔接性，为后文的立论提供理论铺垫。同时，通过对国内外相关的研究文献进行分析评介，指出了当前这些研究的意义与局限，以保证研究角度的科学性与合理性。

第三章讨论了异地中考政策问题的状况。本部分从国家和省市层面对这一政策进行了梳理，并结合对5个城市的实地调研，对异地中考政策的出台实施状况及实施效果进行了宏观分析。

第四章至第八章分别对北京、石家庄、合肥、贵阳、兰州5个城市的农民工子女异地中考政策进行了分析，并具体就上述城市各自异地中考政策的现状、各相关方面人员的认知与态度、对农民工子女的心理及出路选择的影响等进行了讨论。

第九章探讨了造成异地中考政策问题的原因。通过对教育资源配置、户籍制度以及高考制度等方面的分析，探讨了造成农民工子女异地中考难的原因。

第十章从个人、家庭和社会等角度分析了影响农民工子女参加异地中考意愿的因素。

第十一章对异地中考政策进行了展望。该部分首先分析了农民工子女规模的发展态势，这是未来制定异地中考政策的依据和出发点；同时，要科学认识实施异地中考政策的可行性与可能性，需要对其实施条件进行全面的SWOT分析。

第十二章为结论与建议。针对前述分析，对异地中考政策问题进行全面总结，并提出可行的对策建议。

附录一为农民工子女相关政策文献，附录二为各地异地中考政策探索与实践报道案例索引表。

五、相关概念的界定

（一）流动人口

目前我国尚缺乏对流动人口的统一界定口径，由于国家历次人口普查与抽样调查项目设置的不同，流动人口统计的口径也各异。

人口流动则可以这样进行定义：在一个地区单位同另一个地区单位之间进行的地区移动或者空间移动的一种形式，包括从原住地或流出地到目的地或流入地的变动。因此，人口流动概念应包含三个要素：主体、时间和空间。即：一是人口流动的主体即人，参与流动的主体是由具有主观能动性的个体组成的；二是时间因素，指人口流动活动应该有一定的时间跨度；三是空间因素，即人们要在两个相距足够远的空间位置之间发生地理位置移动。

根据历次人口普查或抽样调查项目，可以将广义的流动人口划分为如下类型：（1）城市内部人户分离人口；（2）县（市）内流动人口；（3）省内跨县（市）流动人口；（4）跨省流动人口。

在城市市区范围内因为搬迁等原因而形成居住地与户口登记地相分离的人口，即市内人户分离人口，实际上并非通常意义上所说的流动人口，本书在进行具体的数据操作时，对该部分市内人户分离人口予以剔除，并将上述4种广义流动人口类型中的后三者作为流动人口。

考虑到我国的实际情况，本书在对人口普查或抽样调查数据进行处理时，根据调查项目中的流动时间长度和地域跨度的设置特点，将流动的时间长度定义为半年及以上，流入与流出之间的地域跨度包括县（市）内流动、省内跨县（市）流动和跨省流动。

（二）农民工

农业户籍的流动人口通常被称为“农民工”，这一称谓被社会各界大量地引用。同时，在学界或社会领域还出现了如“民工”、“进城务工就业农民”、“外来人口”、“打工者”、“进城农民工”等多种称谓。在参考相关研究成果后，本研究将“农民工”界定为：流动人口中的农业户籍人口，外出流动时间在半年及以上，其流动地域跨度可分为县（市）内流动、省内跨县（市）流动和跨省流动。

（三）农民工子女

在1998年原国家教委、公安部发布的《流动儿童少年就学暂行办法》中规定，6—14周岁（或7—15周岁）随父母或其他监护人在流入地暂时居住半年以上有学习能力的儿童少年为流动儿童。2003年9月，国务院办公厅转发的教育部等部门《关于进一步做好进城务工就业农民子女义务教育工作的意见》中则将其统一称为“进城务工就业农民子女”。进城务工就业农民子女一般分为三类：①在农村出生现随父母进城的农民工子女（随迁子女）；②在父母进城务工后在城市出生并留城生活的农民工子女（第二代或新生代移民）；③父母双方或一方进城务工后被留在家乡并需要其他亲人或委托人照顾的农村孩子（留守儿童）。本研究所述“随迁子女”包括第二类即“第二代或新生代移民”，在本研究中均称为“农民工子女”。

（四）异地中考

中考就是义务教育阶段的学生在初中教育结束后，拟继续升入高中阶段教育而参加的选拔性考试。由于流动青少年儿童是在其户籍所在地以外的异地接受初中教育，他们在流入地完成初中教育后，拟继续升学而参加的中考，就称为异地中考。

异地中考的主体是农民工子女，也有少部分是因为工作调动、投靠亲友或其他原因而不得不在异地参加考试的城市流动人口子女。异地中考的流动青少年儿童，其参加考试后的未来发展有两种取向：一种是接受更高一级的教育取向，即上高中之后参加高考，准备上大学；一种是就业取向，即接受中等职业教育，毕业后就业。

六、资料来源与研究方法

（一）资料来源

本研究主要采用文献研究、问卷调查、访谈等方法进行数据和资料的收集调研。

1. 文献研究

通过运用网络信息工具在中国知网、百度网、外文数据库、国家统计局、地方统计信息网以及相关的研究网站搜集了农民工子女人口以及教育方面的基本数据，了解本研究领域内已经开展的研究工作，以及取得的经验和成果；了解各地政策施行情况，在全国或地方的政府网上搜索相关政策文本，并进行筛选、汇总、提炼、分析，为实际调查研究提供理论支持和政策参考。

2. 问卷调查与访谈

本研究在2009年10月至2010年3月对北京、石家庄、合肥、贵阳和兰州5个城市的11所初级中学进行了专题调研，调研对象包括上述5个城市的教育行政部门领导、11所初级中学的校长、教师以及农民工子女和家长。

（二）研究的方法

本研究以各种综合与专门调查所掌握的数据为基础，讨论了农民工子女异地中考的问题。具体而言，在研究过程中主要采用了以下几种方法。

第一，历史的方法与逻辑的方法相结合。流动人口是在中国城市化和工业化发展的历史进程中所产生的特殊现象，因此对农民工子女异地中考问题的探讨，需要做到历史与逻辑的统一，既要注重事实的归纳，又要注重理论的演绎。本研究在对农民工子女教育相关研究进行整理、归纳、比较、评价的基础上，考察了异地中考政策在全国和省市层面的出台情况，并对其实施效果进行了逻辑上的分析。

第二，定性研究与定量研究相结合。定性分析是认识各种社会现象的内在联系和进行逻辑分析的工具，而定量方法则为分析和论证过程提供具体而详尽的数据支持。对异地中考政策的出台概况、实施效果、实施前景等问题，本研究主要以定性分析进行探索。在分析过程中，辅之以定量的描述与分析，运用Logistic曲线拟合预测对全国14周岁农民工子女进行预测，以期能深入认识这一群体的发展变动趋势，以此作为制定异地中考政策的出发点和依据。

第三，实证研究与规范研究相结合。实证研究主要回答“是什么”和“为什么”的问题，所研究的内容具有客观性；规范研究则主要回答“应该是什么”的问题，是解决“好”与“坏”的价值判断问题，在研究内容上更侧重于社会效率的改进。本研究对农民工子女异地中考问题的分析与认识主要以实证研究为主，分析了这一政策在全国和省市层面的基本状况，并对造成这一现象的影响因素进行了分析，回答了“是什么”和“为什么”的问题。在充分占有材料和认识这一问题背后所隐含的规律的基础上，本研究对如何解决农民工子女异地中考问题采取规范研究的方法进行分析和解释，提出了有针对性的建议，回答了“应该是什么”的问题。

七、研究意义

高中阶段教育普及程度是衡量一个国家或地区教育发展水平和国民素质的重要指标。面对知识经济和经济全球化的挑战、实施科教兴国战略的要求，大力发展高中阶段教育，从而带动和促进经济和社会各项事业的全面进步，将是我国今后一个阶段非常重要的战略性任务，对于维护社会稳定和社会公平、促进经济和社会发展、推动社会主义现代化建设，具有十分重要的意义。

（一）具有事关全局的重大战略意义，是维护社会稳定的迫切需要

农民工子女教育问题是在社会主义初级阶段快速发展过程中所出现的问题，是一个动态的、复杂的、长期的问题。《国务院关于解决农民工问题的若干意见》指出，农民工问题事关我国经济和社会发展全局，解决农民工问题是建设中国特色社会主义的战略任务。随着“两为主”政策的落实，农民工子女接受义务教育的问题已得到较为全面的解决，随之而来的非义务教育阶段的教育需求逐步成为教育领域必须面对的重大问题。

目前，由于体制机制的原因，农民工子女初中后教育的需求大多得不到满足和实现，他们因此无法进一步学习以及通过学习获得在流入地生存的技能，由此可能导致不能树立正确的人生观和价值观，产生对社会的敌视心理，进而加剧社会矛盾。他们生长在城市中又不愿回乡，将可能导致其成为新的社会不安定因素。如果不能妥善解决这个问题，在构建和谐社会、建设社会主义新农村、解决“三农”问题以及走向小康社会的过程中将会引发更深层次的社会问题。

（二）是社会公平观的深度体现

党的十七大报告指出，教育是民族振兴的基石，教育公平是社会公平

的重要基础。《国家中长期教育改革和发展规划纲要（2010—2020年）》更明确提出，到2015年高中阶段教育毛入学率要达到87%，2020年普及高中阶段教育，毛入学率达到90%。这就意味着届时所有高中适龄人口基本上都有机会接受高中阶段教育，高中阶段教育的发展将成为未来十年教育发展的焦点之一。当前，大量农民工举家来到城市，为城市发展和建设做出了突出贡献，而其子女的教育问题成为农民工融入城市的一大障碍，农民工子女与城市里的孩子比较起来，在入学机会、入学成本等方面面临着“上得了学却升不了学”这一突出问题，这不仅影响着我国儿童平等受教育权利的实现，也制约着我国全民族素质的普遍提高。因此，放宽“农民工子女异地中考”政策，是体现以人为本、解决广大农民工的后顾之忧，促进农民工尽快融入城市的一项“民心工程”；解决此问题是维护广大进城农民工利益，关心、帮助弱势群体的需要，有利于逐步实现农民工子女等弱势群体的教育条件和受教育机会与城市学生基本均等，是基础教育公平性、全面性的具体体现，也是实现城乡统筹发展的前提。因此，积极推进“农民工子女异地中考”政策，既是对历年中央一号文件关于妥善解决农民工子女入学问题精神的具体贯彻，也是进一步推进教育均衡发展和教育公平的具体体现。

（三）是推动经济发展的动力需求

高中阶段教育是国民教育体系的重要组成部分，普及高中阶段教育是人民群众的客观需要。随着经济发展和人们生活水平的提高，接受更多、更好的教育已成为人们的迫切愿望与需要。劳动力是经济进步的主要力量，全体国民后天取得的有用能力都应被看做资本的一部分。科技进步不仅要靠尖端人才，也需要大量有较高科学文化素质的初、中级人才，这就要求不断提高人们受教育的水平与层次。农民工子女是城市劳动力的后备军，提高他们的文化水平就是积累社会资本。允许进城务工农民工子女在流入地参加中考并录取、就读，将吸引越来越多的农民到城市来务工创业，为加快推进各地区新型城市化和新型工业化建设进程提供有力保障。同时，关注并提高农民工子女的教育环境，对于增加居民消费、带动与教育相关产业的发展、减轻就业压力、推动当地经济的可持续发展具有积极意义。

第二章

相关文献回顾及国内外研究现状

人口流动是一个国家城市化发展过程中的必然现象，也是城市化进程中的必要要素之一。近年来，随着我国社会经济的发展，人口流动日益频繁，与之随迁的农民工子女在城市接受教育的问题日益凸显。如何保障农民工子女在城市享有平等受教育的权利，逐渐成为国内学术界关注的焦点。

教育资源是社会资源的一部分，国家对教育资源进行分配的公平性如何，关系到农民工子女能否平等、顺利地享有高中阶段教育的受教育权。从这一角度讲，教育公平理论是农民工子女接受高中阶段教育的理论基础。同时，由于教育本身就是一种投资，其产出既可以提高个人的知识、技能、文化水平、企业管理能力等，又能够促进经济增长，为社会做出更多的贡献。从这个角度讲，教育投资产出理论为农民工子女接受高中阶段教育提供了有力的理论支撑。

一、教育公平理论

公平作为人类最古老的道德原则之一，一直为人们所关注。1986 年版《汉语大词典》中对“公平”的定义是“公正而不偏袒”[①]，并以《管子·形势解》:“天公平而无私，故美恶莫不覆；地公平而无私，故小大莫不载”[②] 来佐以解释。《辞海》中对公平的解释是:“公平即公正，一是人们从既定概念出发对某种现象的评价。亦指一种被认为是应有的社会状况。反映社会生活人们的权利和义务、作用和地位、行为和报应之间的某种相适应关系。公正观念和标准受社会历史条件的制约，具有时代性和阶级性。二是一种道德要求和品质。指坚持原则，按照一定的社会标准（法律、道德、政策等）实事求是地待人处事。”[③]

教育公平，则是在一定的社会条件下给予全体社会成员公平接受教育的权利和机会，通过教育来实现每个人的身心和潜能的充分发展。它实质上是对教育资源分配公平性实现与否的价值判断与规范，是国家和社会对

① 罗竹风．汉语大词典［M］．上海：汉语大词典出版社，1986：763.

② 管仲．管子·形势解［M］．北京：北京燕山出版社，2009.

③ 舒新城，陈望道．辞海［M］．上海：上海辞书出版社，1999：542.

教育资源进行分配时所依据的合理性的规范和原则。

教育公平的理念源远流长，古代关于教育公平理念的阐释比较具有代表性的是中国的孔子和古希腊的柏拉图。到了近代社会，有关教育公平理念的阐述比较具有代表性的是夸美纽斯和卢梭。

（一）中西方古代思想家关于教育公平的探讨

中国古代关于教育公平的探讨最早可以追溯到春秋时期的孔子。孔子突破“礼不下庶人”① 的等级制度，提出“有教无类”② 的思想，打破了贵族对学校教育的垄断，开办私学，推动“学移民间”，招收了大量的平民子女上学，使他们都有受教育的机会。这种“学移民间”的教育践行，让每个人都有接受教育的权利和机会，教育对于每个人而言都是平等的，虽然每个人在财富、权力、地位和身份等方面存在差别，只要“自行束脩以上，吾未尝无诲焉”③，孔子都对“欲来者不拒”④，开创了实施教育公平的先例。

墨子坚持积极主动教育，主动解决问题，主张人人都要受教育，对不来者也要主动去教，就是送教上门。他说，“行说人者，其功善亦多，何故不行说人也?”，“不强说人，人莫之知说也”⑤，即“强人说”。墨子的“强人说”把不积极主动施教看做是施教者的过失，认为是危害社会的祸源，强调“强说强教”，通过积极施教来改善社会，从而达到不仅“扣则鸣”，还应达到“不扣必鸣”⑥，更进一步扩大了教育的范围，让更多平民百姓能有接受教育的机会，推动了受教育权惠及每一个民众，是更进一步的“学移民间”。

西方古代的教育公平思想以古希腊的柏拉图和亚里士多德为代表。

柏拉图主张为城邦中每个成员提供相同的教育机会，使他们都能通过教育发展自身的能力。他在《理想国》一书中写道：“我们对女子和男子并不用两种不同的教育方法，尤其是因为不论女性男性，我们所提供的天

---

① 李慧玲，吕友仁．礼记·曲礼上［M］．郑州：中州古籍出版社，2010.

② 孔丘．论语·卫灵公［M］．西安：三秦出版社，2008.

③ 孔丘．论语·述而［M］．西安：三秦出版社，2008.

④ 荀况．荀子·法行［M］．北京：中华书局，2007.

⑤⑥ 墨翟．墨子·公孟［M］．北京：中华书局，2007.

然禀赋是一样的……女子和男子有共同的教育……一个安排得非常理想的国家，必须全部教育公有”[①]，这是西方国家最早的关于教育公平的理论阐述。

亚里士多德则首先提出通过法律保证自由公民的教育权利。他认为，“所有人就应该受到同一的教育”[②]，“教育应由法律规定，并且应是国家的事务”[③]，即教育必须由国家来提供，并给予其法律保障。

无论是孔子的“学移民间”还是墨子的“强人说”，无论是柏拉图的“普及义务教育说”，还是亚里士多德的“免费教育说”，这些思想都是在追求人人能拥有受教育的权利，践行“教无等级”的教育公平理念。这些教育公平理念，深刻地影响了后世的治学思想与教育发展，是教育公平理论的渊源。

（二）近现代教育公平思想

到了近代，教育公平有了进一步的发展，西方“天赋人权”的思想推动了对教育公平思想的探索。随着时代的发展，教育公平更是以国家法律意志的形式得以体现，受教育权被写入各国的宪法或法律中，保证了人人都能平等享有这项权利。

夸美纽斯认为，“凡是生而为人都有受教育的必要”[④]，“不仅有钱有势的人的子女应该进学校，而且一切城镇乡村的男女儿童，不分富贵贫贱，同样都应该进学校”[⑤]。同时，“学校教育应该是周全的”[⑥]，“在学校里面，人人都应学到关于人的一切事项”[⑦]，“在那里（学校）人人许可受教育，在那里可以学习当前和将来生活上所需要的一切学科，并且学得十分完善……人人应受教育……人人均需学习一切”[⑧]，“把一切事物教给一

---

① 柏拉图．理想国［M］．北京：商务印书馆，1986：312.

② 华东师范大学教育系，浙江大学教育系．西方古代教育论著选［M］．北京：人民教育出版社，2001：106.

③ 亚里士多德．政治学［M］．北京：商务印书馆，1981：407.

④ 夸美纽斯．大教学论［M］．北京：教育科学出版社，1999：43.

⑤ 同④，52.

⑥ 同④，55.

⑦ 同④，59.

⑧ 张焕庭．西方资产阶级教育论著选［M］．北京：人民教育出版社，1979：42.

切人类"①，使所有的人都能掌握广博的知识。

卢梭"不喜欢把两种贫富不同并有身份的人划开两种学校按两种课程来进行教育。既然照本国宪法他们是平等的，他们就应该一起受教育，而且是同样的"②，他认为，"人在自然界里都是平等的，他们共同的天职是做人的职业，因此一个受过良好教育的人在那个职业以及有关的职务里是不会不成功的"③，"请注意观察自然，沿着它指示的道路去吧。自然常使儿童活动，以种种困难锻炼儿童，随即以苦痛和烦恼的意义教育儿童"④。也就是说，卢梭主张每个人都享有获得发展的权利，并且在教育活动过程中，每个人的教育机会与条件应与自己的本性相当。

罗尔斯则提出著名的两个公平原则：第一个原则是，每个人对于所有人所拥有的最广泛平等的基本自由体系相容的类似自由体系都应有一种平等的权利。第二个原则是，社会的和经济的不平等应这样安排，使它们：①在与正义的储存原则一致的情况下，适合于最少受惠者的最大利益；②依系于在机会公平平等的条件下职务和地位向所有人开放⑤。根据这两个原则，每个人都应该享有平等地接受教育的自由权利和机会，是任何人不能以任何理由剥夺的，并且教育机会应当是向所有人平等开放的，受教育机会对每个人而言都是公平的。

与此同时，教育公平理念在全世界得到各国政府的认同，受教育权作为一项基本权利在许多国家法律条文中都以宪法或法律的形式体现出来。

1948 年通过的《联合国人权宣言》指出："不分种族、肤色、性别、语言、宗教、政治或其他见解、国籍或社会出身、财产、出生或其他身份等任何区别"，"人人都有受教育的权利"。

1994 年联合国教科文组织召开"世界特殊需要大会"，会议通过的《萨拉曼卡宣言》明确提出"全纳教育"的思想，强调每个儿童都有接受

① 夸美纽斯．大教学论［M］．北京：教育科学出版社，1999：1.

② 张焕庭．西方资产阶级教育论著选［M］．北京：人民教育出版社，1979：139.

③ 同②，98.

④ 同②，100.

⑤ 约翰·罗尔斯．正义论［M］．北京：中国社会科学出版社，1988：60.

教育的权利，必须给予机会使其达到并保持在一个可接受的水平。

我国的《宪法》和《教育法》对教育作为一项公民的基本权利也予以明确的规定。《宪法》第 46 条第 1 款规定："中华人民共和国公民有受教育的权利和义务。"《教育法》第 9 条规定：中华人民共和国公民有受教育的权利和义务。公民不分民族种族、性别、职业、财产状况、宗教信仰等，依法享有平等的受教育机会。这些法律条文为公民享有平等受教育权利提供了法律保障。

通过对中西方国家教育公平理论的回顾与分析，可以看到教育公平思想源远流长，保障公民享有平等的受教育权也已经在各国的法律制度体系中以法律条文的形式得到体现，这为解决目前农民工子女教育公平问题提供了重要的理论依据。政府作为教育资源配置主体，应该立足于教育的整体利益，对全国范围内的教育资源进行统筹规划、合理配置，确保各阶层受教育群体和个体的受教育权利平等。

二、教育投资产出理论

按照教育投资的主体不同，可以把教育投资分为政府的教育投资、企业事业单位的教育投资、个人的教育投资。在当代教育中，政府对教育的投资都是教育投资的主要组成部分。从教育的产出与回报看，无论是政府还是个人，对教育的投资都具有较高的回报。

人力资本理论盛行于 20 世纪 60 年代，采用结构功能主义的观点来解释教育在培养和训练劳动力、促进经济增长方面的功能，其创立者和代表人物是美国的经济学家舒尔茨（Theodore W. Schultz）。他在 1961 年发表的《人力资本投资》和 1963 年发表的《教育的经济价值》中主张把人力视为一种资本，教育投资即是进行人力资本投资，并认为投资教育可以加速经济增长。

在舒尔茨看来，教育投资的目的是为了追求经济方面的收益，无论是国家投资教育还是个人投资教育，一切都是以获取经济效益为转移的。舒尔茨通过对人力投资和物力投资的比较，得出人力投资比物力投资的效益更高、更划算的结论。

根据经济学中余值增长率的定义，余值增长率 = 国民收入增长率 - 国民资源（资本和劳动）增长率。舒尔茨采用教育投资收益率计算法对当时美国的经济数据进行计算，发现1929—1957年美国余值增长率约为3/5，教育约占这一余值的3/10，进而认为教育和大学的研究活动是主要的发展源泉。舒尔茨用人力投资的作用来确认教育的这种作用，认为在现代化生产中，人力投资的作用重于物质形态投资的作用。他指出，当代劳动生产率迅速提高，正是人力资本投资不断增加的结果。

舒尔茨认为，教育的投资回报，从主要方面讲，它能够增长一个人的能力，包括知识、技能、文化水平、企业管理能力等，这种教育的结果，使经济能够增长，能够对社会做出更多的贡献。因此，教育是使隐藏在人体内的能力增长的一种生产性活动，具有重要的经济价值。

美国的经济学家丹尼森也指出，在美国1929—1982年国民收入年均2.92%的增长率中，有0.4个百分点是由教育所贡献的。

前苏联经济学家斯特鲁米林、舒尔茨、丹尼森，都先后采用实证分析方法，从定量角度证实了教育是经济增长的重要因素。这在一定程度上说明了提高教育水平对于社会的意义，成为各国政府积极提高本国国民受教育水平的直接依据。这也为农民工子女接受高中阶段教育提供了理论支持。

三、农民工子女教育问题的国内外研究现状

（一）国内对农民工子女教育问题的研究现状

从公开发表的文献看，通过网上CNKI平台上“中国期刊全文数据库”、“中国博硕士优秀论文数据库”、“中国报刊全文数据库”等多个数据库的跨库查询，自2000年以来研究情况大致为：以“进城务工农民子女教育”为关键词的文献有125篇，以此为标题的文献有43篇；以“流动人口子女教育”为关键词的文献有450篇，以此为标题的文献有185篇；以“第二代移民教育”为标题的文献有12篇，以此为关键词的有11篇；以“留守儿童教育”为标题的文献有514篇，以此为关键词的有564篇；另外还有以“随迁子女”、“流动儿童”等多种类似词语为关键词的文献，研究成果较为丰富。在本研究涉及的数据库建设方面，以“教育数

据库建设”或相关词为关键词的文献有459篇，以此为标题的有13篇。但以“随迁子女高中阶段教育”或相关词语为关键词的文献仅有3篇。

学术界各个领域的专家和学者从自身的研究角度出发，对农民工子女教育问题都进行了多项研究。国内最早涉及农民工子女教育问题的是1995年1月21日《中国教育报》刊登的记者李建平的文章《流动的孩子哪上学——流动人口子女教育探讨》。进入21世纪，伴随着社会对农民工子女问题的关注，国家相关部门先后于2001年、2003年和2006年三次出台了《国务院关于基础教育改革与发展的决定》、《关于进一步做好进城务工就业农民子女义务教育工作的意见》和《国务院关于解决农民工问题的若干意见》，这些新政策的颁布和实施有力地促进了各个领域的学者对农民工子女的研究。

1. 农民工子女教育政策演变过程

聂乐乐、孔园园认为，国家对待农民工子女教育政策理念经历了这样一个变化历程：由20世纪80年代的“空白”，到20世纪90年代的“限制”和“差别对待”，直到新世纪以《关于进一步做好进城务工就业农民子女义务教育工作的意见》为标志的新政策突出了“公平”的核心思想[①]。吴新慧、刘成斌认为，国家对农民工子女的教育政策经历了“限制—认可—重视—明朗化—强化”的过程，这与国家的农民工政策是相联系的[②]。贾波、王德清认为，从受户籍制度的约束向对职业身份的重新认识转变，从强调家长的监护义务向凸显政府的教育责任转变，从规约受教育义务的履行向依法保障受教育权的转变，是农民工子女就学政策转变的主要特征[③]。

2. 当前农民工子女教育问题的几个主要方面

中央教育科学研究所教育发展研究部课题组认为，按时入学问题，失学问题，教育公平问题，接纳学校的教育教学管理问题，教育内容的衔接

① 聂乐乐，孔园园．农民工子女教育政策的演进［J］．中国科教创新导刊，2009（7）．

② 吴新慧，刘成斌．出路与保障——农民工子女教育的国家政策［J］．中国青年研究，2007（7）．

③ 贾波，王德清．农民工子女义务教育政策变迁［J］．福州党校学报，2008（3）．

问题以及校园建设问题，是农民工子女教育的主要问题。[1]

李强、雒建江从社会学的视角分析指出，农民工子女的教育问题主要表现为教育公平的偏差，包括教育机会分配起点的不公平、过程的不公平以及规则的不公平，这种不公平会带来弱势地位群体代际传承的后果[2]。

张世文、王洋认为，当前中国农民工子女教育中存在着诸多社会排斥因素，主要表现为文化观念排斥和受教育机会、师资、教育教学设施等资源排斥[3]。

3. 农民工子女教育问题原因分析

目前，学术界关于农民工子女教育问题的原因分析主要集中在城乡分割的户籍制度、财政体制不完善、社会歧视等方面。

樊香兰、马丽认为，目前进城农民工子女教育问题的根源是城乡分割的户籍制度、教育财政体制过度分权、农民工子女学校得不到政府的有效支持[4]。

刘义程认为，入学政策、教育财政体制、传统的公共教育资源配置等制度安排是影响外来农民工子女受义务教育的最根本因素[5]。

孙玥等认为，公共财政资金投入不足，现行公共财政制度不完善，是造成农民工子女教育问题的重要原因[6]。

朱凤丽认为，农民工的非市民化造成对农民工的歧视，进而转嫁到其子女身上，最终以农民工子女受教育难这一形式表现出来[7]。

4. 农民工子女教育问题的解决

刘义程认为，要彻底解决流动农民工子女的受教育问题，从根本上

---

① 中央教育科学研究所教育发展研究部课题组．中国进城务工就业农民子女义务教育研究［J］．华中师范大学学报：人文社会科学版，2007（2）．

② 李强，雒建江．机会平等与代际公正——关于农民工子女教育问题的社会学分析［J］．沈阳大学学报，2007（4）．

③ 张世文，王洋．“社会排斥”视角下的农民工子女教育问题［J］．长春工业大学学报：社会科学版，2008（1）．

④ 樊香兰，马丽．切实关注进城农民工子女教育问题［J］．中国农业教育，2008（4）．

⑤ 刘义程．解决农民工子女受教育难题需要制度创新——实现农民生活质量持续提高的一点认识［J］．上饶师范学院学报，2004（5）．

⑥ 孙玥，宋冉，赵子乾．公共财政视角下农民工子女义务教育问题及原因分析［J］．中国市场，2008（22）．

⑦ 朱凤丽．城市农民工子女教育的社会学分析［J］．福州党校学报，2006（5）．

讲，就是要改革现有的不合适的义务教育体制，包括财政制度、入学制度和公共教育资源配置模式等[①]。

朱镜德等认为，应构建农民工子女义务教育资源的供给机制，并能够使之有效运作[②]。

张旭亮、张海霞提出了改善农民工子女教育不公平现状的社区教育协调模式[③]。

中央教育科学研究所教育发展研究部课题组认为，应从户籍制度改革、教育的权利法律保障、经费投入机制、学籍管理系统、农民子女教育的督导和评估等方面解决农民工子女的教育问题[④]。

（二）国外对流动儿童教育问题的研究现状

流动儿童（移民儿童）教育问题在世界教育中是一个普遍性的问题。世界各国的现代化、城市化进程伴随着大量的人口转移，特别是大量农民流向城市。随着国际移民的迅猛增长，国际移民理论研究已成为当今重要的研究热点之一，理论界对于移民教育也较为关注，比如，“Stepping beyond Sí Se Puede：Dichos as a Cultural Resource in Mother-Daughter Interaction in a Latino Family”[⑤]、“美国东欧犹太移民的教育观念与其子女的教育成就分析”[⑥] 等。研究成果主要集中在以下几方面：①教育机会。主要研究移民子女接受教育的机会不均等，有时与贫穷、种族歧视交叉，研究教育对移民家庭的作用与影响。②教育过程。移民后与原住民文化冲突。③教育结果。扶持移民子女接受教育以提高移民素质的措施及结果。

---

① 刘义程．解决农民工子女受教育难题需要制度创新——实现农民生活质量持续提高的一点认识［J］．上饶师范学院学报，2004（5）．

② 朱镜德，朱秀杰，郭彦君．关于农民工子女在迁入地接受完全义务教育机制的构建［J］．人口与经济，2007（6）．

③ 张旭亮，张海霞．基于社区教育的中国农民工子女教育问题探析［J］．青年研究，2006（5）．

④ 中央教育科学研究所教育发展研究部课题组．中国进城务工就业农民子女义务教育研究［J］．华中师范大学学报：人文社会科学版，2007（2）．

⑤ Mariella Espinosa-Herold. Stepping beyond Sí Se Puede：Dichos as a Cultural Resource in Mother-Daughter Interaction in a Latino Family［J］. Anthropology & Education Quarterly，2007. 38（3）：260－277.

⑥ 李爱慧．美国东欧犹太移民的教育观念与其子女的教育成就分析［J］．历史教学，2003（12）．

1. *教育机会：以家庭教育为研究重点*

在国外，教育机会平等研究是长期以来研究的重点，并且多与贫穷、种族歧视结合研究。如有研究指出美国建立了《教育机会平等法》保证儿童受教育的平等权利；以色列从建国起至1958年教育改革前的这一时期，教育部提供平等的入学机会、平等的教育投入和平等的师资培养、同样的课程、同样的课时等；瑞典运用教育调节贫富差距。不论是发达国家还是发展中国家，受教育程度不同、受教育机会不均衡导致了收入的巨大差距。

就流动人口子女的家庭教育而言，在社会环境和学校教育相对不完善的情况下家庭教育对他们尤显重要。根据科尔曼和布彻·卡森的报告，流动人口家庭不能提供理想的家庭教育，城乡环境差异容易导致子女在角色上的冲突、认同上的危机，并可能引发反社会化行为，而且认为农民工子女普遍自信心不足，自我评价偏低，存在“自卑”、“自闭”、“压抑”等心理特征，很大程度上与他们所接触的人际环境和家庭教育有关。库利在《人类本性与社会秩序》（1902）中提出“镜中我”（looking-glassself）理论①，强调家庭在培养儿童行为习惯和生活方式中的重要性。孩子在父母的“同感”中获得自我意识并试图成为父母所期望的“自我”。美国历来提倡父母对家庭教育的参与（Parent involvement）。Mariella Espinoza-Herold对“拉丁裔家庭并不关心年轻一代的教育发展并且缺乏知识与资源去引导孩子成长”的观点提出了挑战。他认为，“在美国，社会人口转型对学校的多样化需求已经成为一种共识。美国学校现在有1/3的孩子来自不同的宗教家庭，还有1/7的孩子讲的是除英语之外的语言，因此，‘少数群体’逐渐变成了‘大多数’，并且越来越多地来自于工人阶层、低收入家庭包括拉丁裔家庭”②。诸如“拉丁裔”这样的标签常常成了阻碍年轻一代上大学的障碍，其高中学校完成率最低。因此父母的积极干预可以帮助年轻人作出决定，通过创造性的、参与式的父母与家庭，可以建构一种基于现

① 查尔斯·霍顿·库利．人类本性与社会秩序［M］．北京：华夏出版社，1987：107.

② Mariella Espinoza-Herold. Stepping beyond Sí Se Puede：Dichos as a Cultural Resource in Mother-Daughter Interaction in a Latino Family［J］. Anthropology & Education Quarterly，2007. 38（3）：260－277.

实多样化的学生发展新模式，而不是传统意义上的个体发展概念。

2. *教育过程：以城市适应过程研究为主*

国外研究中较多地关注了移民子女的文化适应问题。有研究表明，移民的文化适应有四种趋势：混合（Conglomeration，即保持自己的文化并从新的文化中接受某些成分）、隔离/分离（Segregation/separation，即自愿或被迫地保持自己的文化并拒绝接受新的文化）、同化（Assimilation，即由于对新的文化的偏爱而放弃自己的文化）、边缘化（Marginality，即在放弃自己的文化的同时，也不接受新的文化）。研究者对于城市原住民或者叫做"同伴群体"对移民子女行为、学习的积极影响表示肯定，认为同伴群体的特质是影响学生学业成就的重要因素之一，如果城市新移民子女在行为、学习上没有得到城市原住民子女的积极影响，他们的学业成就可能落后。同时，隔离还可能使城市新移民子女产生不公平感、自卑感、孤独感、受歧视感，甚至会产生对城市、城市原住民的敌意。据此，研究者主张在两类学生混合的学校和班级中应提倡互助合作、宽容理解。美国在移民子女教育上有"同化论"和"文化多元主义"两种取向："同化论"者主张用美国的主体文化"同化"移民所带来的各种文化；"文化多元主义"者则提倡在平等的基础上对各个民族的文化进行取舍，吸取其精华混合为多元文化并对移民儿童实施多元文化教育[①]。

3. *教育结果：以各国实践经验的研究为主*

当今美国是接收世界各国移民较多的国家之一，美国的学校在移民儿童教育上积累了大量的经验。Mariella Espinoza-Herold 在其文章中指出，美国社会有多种因素对移民子女教育造成消极影响，如收入较低、素质高且用心的教师缺乏，在某些州存在着激进式的二元化教育体制，等等。这些因素将影响青年在心理与情感上的健康发展，并且会严重限制教育者帮助他们学习的程度[②]。因此，美国国会于 1961 年批准成立流动儿童健康中心。1965 年颁布了《中小学教育法》，其中第一部分承诺向特殊儿童提供

---

① 刘怡，王敬．英国的学校间竞争：十年的经验［J］．外国教育研究，2004（10）．

② Mariella Espinoza-Herold. Stepping beyond Sí Se Puede：Dichos as a Cultural Resource in Mother-Daughter Interaction in a Latino Family［J］. Anthropology & Education Quarterly，2007. 38（3）：260－277.

特殊的教育帮扶。1966 年，第一部分经修改设订了流动儿童教育计划（MEP），以帮助各州通过向流动儿童发放教育券来实现教育公平①。其他国家也在实践中采取了积极措施保证流动儿童（移民儿童）的教受育机会、受教育权利。法国在移民教育中体现了教育公平，将基本的教育权利这一国民待遇不仅仅给予了本国公民，而且也给予了非本国公民的外国移民孩子，不论是否获得法国的合法居留权，未满 16 岁的孩子都能在法国享受到基本的义务教育。这样做的理由是，这些孩子是无辜的，他们不能因为父母的身份不合法而失去受教育这一最基本的人权。德国奉行均衡发展观，在宪法上规定了就学是人的基本权利，在社会上没有明显的农工、城乡差别，在政策上没有农业人口转化的政策门槛，只要农民进城工作，按章纳税，进入社会保障，就成为城市居民，其子女教育自然享受与城市居民的同等待遇。以色列为移民儿童举办长日制学校（班），在学校和社区对他们进行补偿教育，还通过制定《长日制学校法》、《鼓励高等院校学生参加长日制学校工作法》等法规，对长日制学校的教育教学师资力量的保障、经费支持等作出具体的规定，目的在于保证新移民子女能够尽快地实现文化适应、学习适应，使新移民子女与原住民（流入地居民）子女尽快实现融合。日本在 20 世纪七八十年代也有农民工子女入学问题，当时采取的是随班就读的政策。现在，日本主要面临的是移民孩子的读书问题，采取的是建立专门学校或者在公办学校设立特别班来解决。此外，还有一些国家对移民子女教育有着独特的做法，如荷兰尊重教育自由、印度通过国家主导来消除教育差距、英国充分利用民间力量等。2007 年，美国移民和海关执法机构同意与美国公民自由联盟达成协议，协商解决德克萨斯州拘留中心无证移民子女在就学方面的多种需求问题，有 100 名左右的孩子将被保证拥有能力强、有认证资格的教师等。

综上所述，国内外研究者从多种角度研究了农民工子女教育、移民子女教育问题，将理论研究与实践研究较好地结合起来，为政府决策提供了许多建设性的建议。

但是，国内已有研究还存在局限性，这突出表现在以下几个方面。

① 傅林. 当今美国移民儿童学校教育存在的问题［J］. 外国教育研究，2003（6）.

（1）缺乏全局视野，局限于区域范围进行探讨

大部分研究从区域角度分析了异地中考政策的问题与实施状况，未从更为宏观的全国视角进行把握，这在一定程度上限制了所得结论的可比性和推广价值。

（2）学科封闭性较强

分析已有研究发现，诸多研究者从各自的专业特点出发，大多从单个学科的视角（如社会学、教育学、管理学、经济学等）去研究农民工子女的教育问题，具有强烈的学科色彩，缺少多学科的综合性、多角度，在一定程度上影响了研究的深度。

（3）较多集中于义务教育阶段，对于义务教育后的关注较少

政府、教育部门或学者们主要关注农民工子女的义务教育和教育平等问题，但对农民工子女的初中后教育较少涉及。即在义务教育后他们需要什么样的教育，如何提供给他们适合的教育（如高中教育、职业技术教育或高等教育）等问题缺乏相应的探讨。因此，本研究将对义务教育后的中考政策问题进行探讨，以丰富对农民工子女教育问题的研究。

（4）描述性分析多，实证研究与系统设计少

大多数研究停留在对农民工子女异地中考的现状进行描述，缺乏必要的实证分析，对如何实施异地中考缺乏深刻的制度设计和系统设计。

第三章

全国农民工子女异地中考政策现状

一、农民工子女的义务教育问题基本得到妥善解决
二、国家尚未出台农民工子女异地中考政策，各地政策出台也进度不一
三、五城市农民工子女异地中考政策问题调研

在过去的二十多年里，全国流动人口的数量急剧增长，从 1982 年的 657 万人上升到 2005 年的 14735 万人，在短短的二十多年时间里增长了 21 倍[①]。到 2010 年，居住地与户口登记地所在的乡镇街道不一致且离开户口登记地半年以上的人口为 26138.6075 万人，不包括市辖区内人户分离的人口为 22142.6652 万人[②]。

如此快速的增长势头，在给城市的发展与繁荣带来活力的同时，流动人口自身的问题，尤其是流动人口中的主体——农民工子女的教育问题逐渐凸显，引起全社会的高度关注。经过政府和有关部门的努力，农民工子女在城市接受义务教育的问题逐步得到解决。但由于户籍制度和中考制度的限制，大多数城市普遍限制或不鼓励非户籍人口在本地中考，由此造成农民工子女在接受完初中教育后无法在城市继续接受高中阶段教育。随着国家"普及高中阶段教育"目标的确立，农民工子女教育需求也在日益增长，如何保障农民工子女能够平等顺利地继续在城市接受教育，成为一项亟待解决的突出问题。为保障农民工子女的受教育权利，满足其接受高中阶段教育的需求，中央及地方政府先后出台了一系列政策措施及法律法规。

一、农民工子女的义务教育问题基本得到妥善解决

（一）政府部门对农民工子女教育问题的认识不断深化

农民工子女教育问题出现之后，1995 年原国家教委将研究解决流动人口子女教育问题列入了当年的议事日程，原国家教委基础教育司义务教育处与北京市教育科学研究所也开始调查、研究流动人口子女入学问题。

1996 年原国家教委发布《城镇流动人口中适龄儿童、少年就学办法（试行）》，文件指出，城镇流动人口中适龄儿童、少年入学由其父母或其他监护人持流入地暂住证向流入地住所附近中小学提出申请，经学校同意后即可入学。随后在《就学办法》的指导下，由政府组织并指导在京、沪等地进行试点，最终使这一问题由社会现象逐渐转变为一种政府干预

① 段成荣，等. 改革开放以来我国流动人口变动的九大趋势 [J]. 人口研究，2008 (6).

② 国家统计局. 2010 年第六次全国人口普查主要数据公报（第 1 号）.

行为。

1998 年原国家教委、公安部联合颁发的《流动儿童少年就学暂行办法》规定："凡常住户籍所在地没有监护条件的可在流入地接受义务教育"；"流入地人民政府应为流动儿童少年创造条件提供接受义务教育的机会。流入地教育行政部门应具体承担流动儿童少年接受义务教育的管理职责"；"流动儿童少年就学以在流入地全日制公办中小学借读为主，也可入民办学校、全日制公办中小学附属教学班（组）以及专门招收流动儿童少年的简易学校接受义务教育"。此外，《暂行办法》还规定："招收流动儿童少年就学的全日制公办中小学可依国家有关规定按学期收取借读费。借读费标准按国家教育委员会、国家计划委员会、财政部联合颁发的《义务教育学校收费管理暂行办法》执行。"这种收取费用差别对待的政策取向致使"借读费"、"赞助费"成为一段时期以来一部分农民工子女接受义务教育必须支付的额外教育费用。

2001 年国务院出台了《关于基础教育改革与发展的决定》，提出"要重视解决流动儿童少年接受义务教育问题，以流入地区政府管理为主，以全日制公办中小学为主，采取多种形式依法保障流动儿童少年接受义务教育的权利"。国务院首次提出流入地政府在解决流动人口子女接受教育问题上的责任，并明确提出流动人口子女接受教育问题的"两为主"政策，即"以流入地区政府管理为主，以全日制公办中小学为主"。

2002 年教育部召开了题为《以"三个代表"重要思想为指导，坚持"两个为主"做好进城务工就业农民子女接受义务教育工作》的会议，进一步强调了流入地政府的职责，要求安排一部分城市教育费附加用于解决农民工子女接受义务教育①。2003 年 1 月 15 日国务院办公厅发布了《关于做好农民进城务工就业管理和服务工作的通知》，《通知》中规定："流入地政府应采取多种形式，接收农民工子女在当地的全日制公办中小学入学，在入学条件等方面与当地学生一视同仁，不得违反国家规定乱收费，对家庭经济困难的学生要酌情减免费用。要加强对社会力量兴办的农民工子女简易学校的扶持，将其纳入当地教育发展规划和体系，统一管理。"

① 王湛．以"三个代表"重要思想为指导，坚持"两个为主"做好进城务工就业农民子女接受义务教育工作［J］．基础教育改革动态，2002（21）．

2003 年 9 月 30 日国务院办公厅转发了教育部等六部委《关于进一步做好进城务工就业农民子女义务教育工作的意见》，除了重申“两为主”政策外，还强调“地方各级政府特别是教育行政部门和全日制公办中小学要建立完善保障进城务工就业农民子女接受义务教育的工作制度和机制，使进城务工就业农民子女接受教育环境得到明显改善，九年义务教育普及程度达到当地水平”；流入地政府要“做到收费与当地学生一视同仁”；流出地政府“禁止在办理转学手续时向学生收取费用”，“外出务工就业农民子女返回原籍就学，当地教育行政部门要指导并督促学校及时办理入学等有关手续，禁止收取任何费用”。此外，该《意见》首次将占流动儿童少年的绝大多数、处于弱势地位的农民工子女从“流动儿童少年”群体中单独提出，突出强调直接将“两为主”政策的焦点对准农民工子女。

2005 年，中共中央、国务院发布《关于推进社会主义新农村建设的若干意见》，再次强调认真解决农民工子女上学问题。同年国务院下发了《关于深化农村义务教育经费保障机制改革的通知》，逐步将农村义务教育全面纳入公共财政保障范围，建立中央和地方分项目、按比例分担的农村义务教育经费保障新机制。2006 年国务院颁发了《关于解决农民工问题的若干意见》，对“两为主”政策进行了细化，提出将农民工子女义务教育纳入当地教育发展规划，列入教育经费预算，按照实际在校人数拨付公用经费，城市公办学校对农民工子女接受义务教育要与当地学生在收费、管理等方面同等对待，不得加收借读费和其他任何费用等。至此，以国务院文件的方式，对以往向农民工子女在城市接受义务教育收取借读费或赞助费的行为进行了纠正。同年《中共中央关于构建社会主义和谐社会若干重大问题的决定》更是将“保障农民工子女接受义务教育”作为坚持教育优先发展、促进教育公平的重要举措。

2006 年 6 月 29 日十届全国人大常委会第二十二次会议通过新修订的《中华人民共和国义务教育法》，在第二章第十二条中明确规定“父母或者其他法定监护人在非户籍所在地工作或者居住的适龄儿童、少年，在其父母或者其他法定监护人工作或者居住地接受义务教育的，当地人民政府应当为其提供平等接受义务教育的条件”。这标志着政府以法律的形式将解决农民工子女平等接受义务教育问题推向一个新的阶段。农民工子女平等接受义务教育成为一个有法律保障和指导的政府行为。

（二）各城市在实践中进行了有益探索，农民工子女的义务教育问题得到较为妥善的解决

1. 中央提出的“两为主”政策得到了较好的贯彻和落实

根据中央提出的“两为主”政策精神，各地均结合实际，出台了一系列与农民工子女教育工作相关的政策。针对农民工子女在各城市的分布规模，中央教育科学研究所2007年分别对30万人以上的北京、上海、广州等大城市，30万—10万人之间的无锡、杭州、成都等中等城市，10万人以下的郑州、乌鲁木齐、石家庄、顺德、沈阳、义乌等小城市的66所学校（其中公办学校36所，获准打工子弟学校15所、未获准学校15所）开展调研①。所考察的12个城市中，有9个城市专门制定了农民工子女教育政策，均提出在农民工子女的教育教学和管理上实行“一视同仁”原则，并对学习困难和家庭经济困难的农民工子女给予特殊的帮助。

2. 城市公办学校均设置了一定的农民工子女入学门槛

目前在农民工子女进入公办学校的准入条件上，绝大多数城市要求出具就业证明、暂住证和实际居住证明，以此作为农民工子女的入学门槛，并规范流动人口的流动。

3. 部分城市提出应按学生实际人数向接收农民工子女的公办学校拨付生均公用经费，并明确提出公办学校免收借读费

北京、无锡、杭州、沈阳等城市明确提出应按学生实际人数向接收农民工子女的公办学校拨付生均公用经费。除上述城市外，成都、乌鲁木齐等城市还明确提出了公办学校对农民工子女入学免收借读费。

综上可见，中央政府在对农民工子女教育问题上的认识不断深化，为地方政府出台相应的政策法规奠定了基础，并提供了思路和依据。在实践中，部分城市已经进行了有益的探索，农民工子女的义务教育问题在城市已得到较为妥善的解决。

---

① 田慧生，吴霓．农民工子女教育问题研究——基于12城市调研的现状、问题和对策分析［M］．北京．教育科学出版社，2009：12.

二、国家尚未出台农民工子女异地中考政策，各地政策出台也进度不一

随着全国义务教育全部实施免费，以及接纳农民工子女接受义务教育的“两为主”政策的落实，农民工子女义务教育在党和政府的高度重视下得到了有力的保障。但是，随着时间的推移，这一群体义务教育后继续接受教育的状况却不容乐观。据国家统计局的统计，在北京暂住的流动儿童少年有20万人，上海有24万人，深圳有35万人①。2006年中国统计年鉴显示，2005年全国初中升高中（包括升入技工学校）的升学率为69.7%，以此推算，流动少年高中阶段教育的入学率仅为13%左右，实际入学率则更低②。另据教育部对北京丰台、上海徐汇、天津河北、深圳罗湖、浙江义乌、河北廊坊6市区的流动适龄儿童、少年就学状况所作的调查，在重点中学以及高等教育的入学比例中几乎很难看到农民工的子女③。为此，在中央“两为主”政策的指导下，一些流入地政府积极采取了应对措施，根据当地的社会经济发展水平和流动人口状况出台了一系列地方性政策，对农民工子女异地中考制度进行了积极的探索和尝试。

（一）各地农民工子女异地中考政策的出台概况

根据网络及报纸媒体等可查的资料，截至2010年12月，有5个省（直辖市）出台文件允许农民工子女在本省（直辖市）参加异地中考。同时，有19个地级市、4个区县也作出明确规定，允许农民工子女在本地参加异地中考。上述地区共涉20个省份。

在具体的实施上，各地的相关规定不尽相同。

2005年5月，天津市教委要求全市各类中等职业学校面向农民工及其子女开展职业教育与职业培训，并招收初中毕业或具有同等学历的农民工子女入学。列出高职招生专门计划，农民工子女可参加天津市面向中职、

---

① 胡云生．飘飞的蒲公英也该有春天——农民工子女教育透视［J］．江西教育，2004（12）．

② 郭健美，赵建有，刘同芗．农民工子女高中阶段教育救助探析［J］．中国农业教育，2007（4）．

③ 孙红玲．浅论转型时期流动人口子女的教育公平问题［J］．教育科学，2001（2）．

中专、中技三校生的春季高考，进而被录取到天津高职院校，接受高等职业技术教育。

深圳市2005年出台的《深圳市人民政府印发深圳市关于加强和完善人口管理工作的若干意见及五个配套文件的通知》规定，在该市符合接受义务教育就读条件的暂住户口的应届初中毕业生，通过提交家庭和考生的户籍材料、住房材料、就业与社保材料、计生材料等5类材料可在该市报名参加中考。

2007年，福建省教育厅正式下发的《普通初级中学学籍管理办法（试行）》规定，在非户籍所在地学校完成初中学业的学生，需要在流入地继续接受高中阶段教育的，可参加当地高中阶段学生招生考试。这是该省首次出台的取消对外地户口限考的规定。

太原市教育局规定，包括太原市教育局直属的30余所中学以及太原市10个县（市、区）的县办高中和全部厂矿高中、民办高中，均接受外来务工人员子女就读。

兰州市规定，在城市四区有暂住证的本市初中应届毕业生均可报考城市四区普通高中，报考职业学校和民办高中的考生不受户籍限制。

合肥市农民工子女就学条件简化为三条：（1）在合肥市经商或务工证明：经商办企业人员出示工商执照，务工人员出示与用人单位签订的劳动合同，并在合肥市市区经商或务工1年以上（含1年）；（2）暂住证：适龄儿童父母或法定监护人在合肥市市区的有效暂住证，并已暂住1年以上（含1年）；（3）适龄儿童父母或法定监护人户口本和身份证。

哈尔滨市规定，全国各地到哈务工农民子女不仅可以进入哈市公办校读小学、初中，备齐相关材料均可享受免借读费待遇。材料包括：居民户口簿原件，暂居住地公安部门核发的居民暂住证，务工证明（下列三种务工证明之一即可：用人单位出具的经当地就业部门核准的招（聘）用工备案手续、从事个体商业活动的出具当地工商管理部门颁发的经营执照复印件、灵活就业人员由居住地街道劳动保障部门出具的灵活就业证明），原就读学校所在地县级教育行政部门出具的就学证明。具有哈市临时户口或暂住证并有初中学籍的农民工子女，可以报考哈市的普通高中、职业高中、高师高职、民办高中及省市重点高中民办公助校。

表3－1　各地农民工子女异地中考政策

地区	出台时间	部分年份文件名称	报考学校类型及资格	所需材料
天津	2005年	2005年天津市高级中等学校招生简章	只允许报考中等职业学校（职业高中、普通中专、技工学校）。	1. 职业高中按备案制录取，不转户口； 2. 普通中专招生执行市公安局规定； 3. 技工学校招生执行市劳动和社会保障局规定。
上海	2008年开始试行，2010年形成方案	2010年上海市部分全日制普通中等职业学校自主招收在沪农民工同住子女方案	只能报考中等职业学校。 条件：在全日制初中学校连续就读2年及以上，年龄不超过18周岁。	1. 身份证或户口簿原件； 2. 父母一方须持有农民身份证明，父母双方须持有上海市居住证或在沪稳定就业证明； 3. 在校应届毕业生证明。
安徽	2008年	安徽省关于2008年初中毕业学业考试和高中阶段招生工作有关问题的通知	具体办法由各市教育局制定。	各市教育局自行规定。
福建	2008年	福建省普通初级中学学籍管理办法（试行）	可在流入地参加高中阶段招生考试。	各设区教育行政部门自行规定。

续表

地区	出台时间	部分年份文件名称	报考学校类型及资格	所需材料
海南	2009 年	关于 2009 年海南省初中毕业生学业考试和高中阶段学校招生工作的意见	1. 公办普通高中学校面向全省招生的公费生计划，只招收本省户籍考生； 2. 各市县（单位）公办普通高中学校的公费生计划是否招收非本市县（单位）户籍的考生（含外省市户籍），由各市县（单位）作出决定并公布。 条件： 1. 在海南省初三年级就读满一年的应届毕业生； 2. 父亲或母亲至少有一方为在海南省就业的农民工或参加经济建设的其他常住人员。	本人及父亲或母亲至少有一方具有海南省公安部门出具的暂住证件或证明。
石家庄	2004 年	石家庄市关于做好 2008 年初中毕业与升学考试工作的通知	2004 年，借读生只允许填报民办学校；2006 年，符合条件的外来务工人员子女享有与市区毕业生同等待遇。 符合外地来石务工经商人员子女入、升学有关政策规定的应、往届初中毕业生均可报名参加中考，初中往届毕业生不允许报考普通高中（含综合高中和社会力量办普通高中）。	2006 年： 1. 家长暂住证； 2. 务工证明。 2007 年之后： 1. 家长工商营业执照或工作单位证明； 2. 暂住证。

续表

地区	出台时间	部分年份文件名称	报考学校类型及资格	所需材料
沈阳	2004 年	2004 年中等学校招生简章	借读生可报考除师范学校以外的其他各类学校。	2004 年： 1. 户口簿（原件）； 2. 学籍证明。 2006 年： 1. 户口簿（原件）； 2. 居住地管区公安派出所证明； 3. 父母工作单位证明。
长春	2004 年	2004 年长春市高级中等学校招生工作意见	与本市考生同等待遇。2005 年之后，规定在民办学校就读无长春市户口的外地考生可直接报考本校高中部，不能报考市区其他学校。	1. 原籍户口； 2. 居住证。
哈尔滨	2003 年	哈尔滨市 2003 年中等学校招生工作规定高中、职业高中的招生	2003 年：具有哈市临时户口或暂住证、年龄不超过 18 周岁且已在初中学校寄读的应届初中毕业生，可报考普通高中；具有哈市临时户口或暂住证且已在初中学校寄读的应届初中毕业生，可报考职业高中。 2009 年：可报考普通高中、职业高中、高师高职、民办高中及省市重点高中民办公助校。	1. 临时户口或暂住证； 2. 初中学籍。

续表

地区	出台时间	部分年份文件名称	报考学校类型及资格	所需材料
合肥	2003 年	2003 年合肥市普通高中招生工作实施办法	1. 2003 年开始，允许报考市级示范高中； 2. 2007 年扩至省示范高中。	1. 在合肥市经商或务工证明； 2. 暂住证，居住 1 年及以上； 3. 户口簿和身份证。
太原	2005 年	关于太原市 2005 年初中学业考试和中等学校招生工作的安排意见	2007 年之后：需要在太原市普通高中、职业高中就读的，可报考太原二中、十一中、十三中、十六中、十九中、二十中、二十一中、二十二中、二十四中、二十七中、二十九中、三十中、综合高中、外语科技中学、四十九中、五十二中、五十三中、五十四中、五十五中、五十六中、五十七中、五十八中、五十九中、六十中、六十一中、六十二中、六十三中、六十四中、六十五中、六十六中、六十七中、太大附中、中北附中、太原财贸学校和全部民办高中、职业高中、县（市、区）高中。	2005 年： 1. 户口簿（户籍证明）； 2. 学历证件（证明）。 2006 年之后： 1. 一年以上暂住证； 2. 家长婚育证明和原户籍所在地教育行政部门证明； 3. 乡（镇）或学校证明； 4. 家长工作单位证明。

续表

地区	出台时间	部分年份文件名称	报考学校类型及资格	所需材料
武汉	2005 年	武汉市教育局关于2005 年武汉市高级中等学校招生工作的意见	户口在外地、进城务工人员的子女和其他借读生，申请参加中考升学的毕业生，到现在就读的学校或借读学校报名。	须取得武汉学籍。
广州	2003 年	广州市中小学招生工作意见	2003 年： 普通借读生只允许报考社会力量学校及各类职业学校。 2010 年： 1. 仅限于在广州各区内的“异地借读”； 2. 省内乃至跨省“异地借读”须为殡葬工人或服务连续两年以上的环卫临时工子女（其中一名）。	1. 本人户口簿； 2. 身份证； 3. 监护人户口簿的原件及复印件。
深圳	2004 年	关于2004 年深圳市高中阶段学校招生考试工作的意见	非市属且非省市区重点的公办普高、民办高中、职业高中、部省属（含外省及跨市）普通中专和五年制大专班、技工学校、成人中专普通班。	1. 户口簿或身份证； 2. 非深圳户籍的须凭暂住证。
贵阳	2009 年	贵阳市 2009 年普通高中和中等职业学校招生工作规定	只能报考示范性高中类学校、五年制专科学校、一般普通高中学校和中等职业学校。	家长提出书面申请，学校调查核实后签署意见，经区、县（市）招办审核批准后报名。

续表

地区	出台时间	部分年份文件名称	报考学校类型及资格	所需材料
西安	2004 年	关于做好 2007 年初中毕业升学考试报名工作的通知	1. 2004 年规定可报考除普通中专和市属师范学校外的其他学校； 2. 2010 年规定，有较稳定工作和住所的务工农民的适龄子女可报名参加中考，但不能报考职业技术学院和普通中专。	父母所在单位用人合同（复印件）或从业证明。
兰州	2008 年	兰州市 2008 年高中阶段学校招生考试工作实施方案	1. 在城市四区有暂住证的本市初中应届生可报考城市四区普通高中； 2. 报考职业学校和民办高中的考生不受户籍限制。	1. 暂住证； 2. 应届毕业生证明。
乌鲁木齐	2007 年	乌鲁木齐市 2007 年普通高中招生工作规定	2007 年以前，非乌鲁木齐市户口的初中毕业生只能报考高中招生计划中的计划外录取计划； 2009 年，规定调整为有疆内户口的考生可以报考指定学校的高中招生计划（计划内），其余考生仍只能按计划外录取。	1. 父母均在乌市务工； 2. 在乌市教育局注册学籍。

续表

地区	出台时间	部分年份文件名称	报考学校类型及资格	所需材料
鞍山	2004 年	关于 2004 年鞍山市初中升学考试工作的意见	2004 年： 非城市户口的进城务工人员子女有相关手续也可报名参与市内高中录取。 2006 年： 城区在读应届的农民工子女，具有在读学校两年以上学籍（含两年）及相关手续也可报考市内高中。 2010 年： 城区在读的应届农民工子女，可以报考城区高中。具有在读学校两年以上学籍的农民工子女与鞍山市当地学生享有同等到校指标待遇。	未作规定说明。
齐齐哈尔	2008 年	关于进一步做好农民工子女义务教育工作的意见	报考省重点高中指令性计划、重点高中自费和一般高中。	在城市初中就读两年以上。
大庆	2008 年	大庆市 2008 年高中招生考试工作方案	市区普通高中二类、三类招生学校，其中的艺体特长生可报考普通高中一类招生学校中石油高中、二十三中学、第一中学等艺体特长招生学校。	1. 户口簿； 2. 暂住证； 3. 务工证明； 4. 借读证明； 5. 借读学籍。

续表

地区	出台时间	部分年份文件名称	报考学校类型及资格	所需材料
赣州	2010年	赣州市2010年中招和普通高中学业水平考试工作补充规定	凡外来务工、经商人员随迁子女只需出具相关证明材料，就可以到父母务工所在地的学校接受教育，并享有所在城市学校学生的同等待遇。	1. 父母在城市务工的工商营业执照或用工单位证明； 2. 暂住证； 3. 父母原籍户口本。
滁州	2010年	关于进一步做好进城务工农民子女入学工作的通知	2010年首次允许进城务工就业农民及其他流动人员子女在流入地就读学校报名，并在流入地参加考试录取。报考及录取条件、收费项目、标准与当地学生同等对待。	1. 本人户口簿或单位介绍信； 2. 学籍卡或毕业证。
许昌	2007年	2007年许昌市普通中等学校招生工作意见	外来务工人员子女为初三应届毕业生，具有就读学校学籍，允许在就读学校参加中招考试，并在普高录取时与当地的考生一视同仁。	1. 毕业证书； 2. 户口簿或临时户口簿； 3. 有关学籍证明。
徽州歙县	2008年	歙县2008年中考中招工作实施意见	报考高中，只能填报当地的公办普通高中和全市各民办高中学校。	1. 户口本； 2. 身份证或身份证号码； 3. 学历证书。
烟台芝罘区	2008年	烟台市芝罘区2008年中考招生工作实施意见	原则上可报考烟台四中和按成本收费的改制高中、民办高中。	在学校严格审查考生资格基础上，区教育体育局教育科进行复审。

续表

地区	出台时间	部分年份文件名称	报考学校类型及资格	所需材料
宜昌秭归县	2006 年	关于做好 2006 年初中毕业生学业考试和招生工作的通知	享受本地考生同等升学待遇。	父亲或母亲的户籍证、身份证、务工证和暂住证。
湖州市区	2005 年	湖州市区 2005 年高中段招生实施办法	户籍在外地，在市辖区初中就读的初中毕业生，由市中招办统一录取的公办普通高中和普通中专、职业中专的部分专业不予安排，由学校自主招生的学校、专业是否录取由学校决定。 在市辖区初中毕业的民工子弟，与户籍在市辖区的初中毕业生同等待遇。	1. 户籍证明； 2. 本人和父母亲的居住（暂住）证； 3. 父母就业单位的证明； 4. 学籍证明。

注：此表资料收集截止时间为 2010 年 12 月。

通过上表，可以看出各地异地中考政策具有以下几个特点：

(1) 政策大多由劳动力流入相对较多的省、市出台，以地级市政策为主

异地中考政策大多由劳动力流入相对较多、经济相对发达的省、市出台，省会城市及地级市出台的政策所占比例较大。

从行政等级看，有 5 个省（直辖市）在全省（直辖市）范围内出台规定，分别是天津、上海、安徽、福建和海南。同时，有 19 个地级市单独出台了“异地中考”的政策，其中省会城市 12 个，非省会地级市 7 个，这 19 个地级市分别为：石家庄、沈阳、长春、哈尔滨、合肥、太原、武汉、广州、深圳、贵阳、西安、兰州、乌鲁木齐、鞍山、齐齐哈尔、大庆、许昌、赣州、滁州，共涉 14 个省份。此外，另有 4 个区、县明确规

定农民工子女可以在本地参加异地中考，这 4 个区、县分别为：徽州歙县、烟台芝罘区、宜昌秭归县、湖州市区，共涉 4 个省份。

从出台异地中考政策地区的位置及经济发展程度看，东、中、西部省份都有涉及，以较发达地区和中等发达地区为主，欠发达地区相对较少。

（2）异地中考政策的探索最早始于 2003 年，在 2008 年出台最为密集

2003 年，合肥市率先对农民工子女异地中考进行了探索。同年，哈尔滨市也对此进行了积极的探索。随着农民工子女教育问题的升温，社会对农民工子女的义务教育后教育也给予了更多的关注，更多的省市对此进行了积极探索，2004 年之后更多的城市陆续加入到允许农民工子女参加异地中考的队伍中，并在 2008 年达到鼎盛。

（3）各地异地中考政策对随迁的农民工子女大都设有一定的报考条件

各省、市教育部门在允许农民工子女中考的同时，根据当地的情况大都设定了不同程度的报考条件。暂住证、原籍户口、流入地初中学籍证明和父母务工证明在各地方政府要求中占多数。而借读证明、原户籍所在地学校证明、父母身份证则仅有部分地方作了明确要求。另外，由于各地教育资源配置条件的问题，天津、上海等地则只允许将中级职业学校对农民工子女进行开放，而部分城市则只允许向农民工子女开放示范高中。

（二）各地区异地中考政策的概况

大部分城市的现行高中阶段学籍管理办法仍然以户籍制度为基础，中考政策中对非户籍人口的规定在整体上是大同小异的。在已经实施异地中考政策的城市，其在对农民工子女开放高中阶段教育方面所做的有益探索大致可分为以下两类。

1. 面向特定人群

上海市规定，对农民工子女参加异地中考的条件为：在全日制初中学校连续就读两年及以上，年龄不超过 18 周岁。鞍山市在 2006 年规定，城区在读应届的农民工子女，具有在读学校两年以上学籍（含两年）及相关手续才可报考市内高中。这样的话，流入上述两地时间长度低于 2 年的农民工子女将无法参加该地的异地中考。

海南省《关于2009年海南省初中毕业生学业考试和高中阶段学校招生工作的意见》规定参加异地中考的条件为：①在海南省初三年级就读满一年的应届毕业生；②父亲或母亲至少有一方为在海南省就业的农民工或参加经济建设的其他常住人员。

广州市规定，在特定艰苦工作岗位，如殡葬工人、从事承担政府环卫作业工作服务连续两年以上的环卫临时工，允许其一名适龄子女享有与该市户籍的初中毕业生同等的报考资格。

2. 开放本地高中阶段的某类教育或学校

2003年，合肥市允许农民工子女报考市级示范高中；2006年在市区报考普通高中并被录取的肥东、肥西、长丰三县户口农民工子女考生，享受市区户口考生同等待遇，学校不再收取借读费；2007年农民工子女考生报考志愿扩大到省示范高中。

大庆市2008年规定，外省、市、县（含四县）农村户口，在大庆市市区义务教育学校借读的应届初中毕业生，可以报考市区普通高中二类、三类招生学校。

天津市2005年规定，外省市农民工子女可填报“三、二分段”中职接高职、国家级重点中等职业学校、高级技工学校，其他普通中专学校、职业高中（职专）学校、技工学校等志愿，可参加天津市面向中职、中专、中技三校生的春季高考，中等职业学校在办学条件许可的情况下可实行注册入学，招收初中毕业或具有同等学力的农民工子女入学。同时，对农民工子女实行灵活、开放的教学制度和学籍管理制度，全年招生和办理录取手续，全年注册，推行学分制和弹性学制，学生可半工半读、工学交替，分阶段完成学业。

（三）异地中考政策存在的问题

通过对上述各地区异地中考政策的梳理，可以发现：

1. 政策惠及面窄，仅有部分农民工子女可以享受到该政策

目前，仅有少数省市允许农民工子女在流入地参加中考，且仅面向省内农民工子女，相对于流动青少年儿童这一庞大群体，政策惠及的人群有限。

例如，沈阳市规定，只有具有本市初中学校学籍或毕业证的初中毕业生，才可报名参加中考。北京市虽然在出台的相关政策中，允许部分外省籍的考生在异地参加中考，但农民工子女是无法纳入其中的。2010 年广州市中考政策调整后允许跨区生报考，户籍学籍不再受限，这只是单单局限于在广州各区内的“异地借读”，而省内乃至跨省“异地借读”并没入列。合肥市对农民工子女就学、升学实行“同城待遇”，他们只要有合肥市的学籍，就一律无差别享有报考省市重点高中的机会。但在 2009 年，有 1000 多人报考合肥 29 中，最后只有 600 多人录取①。随着农民工子女的入学需求逐年增长，学校无法满足所有农民工子女的高中入学需求。

同时，部分城市要求户籍地和流入地的中考命题相同时，才能允许农民工子女在异地参加中考。这种对流动地域的限制实际上已经将大多数农民工子女排斥在政策的覆盖面之外。

从全国的角度来看，能够在流入城市参加中考的农民工子女非常有限。大多数农民工子女不得不返回原籍地参加中考，并在户籍地接受高中阶段教育。

2. 办理异地中考程序复杂，手续繁琐

由于异地中考的主体是未成年青少年儿童，其监护人信息也被纳入采集范围。部分地区办理异地中考手续时往往需要在户籍地和流入地往返多次，且需要向多个职能部门提交多项材料，复杂的办理程序与繁琐的手续增加了异地中考的成本，限制了这一政策的推进效率。

例如，2008 年太原市规定，农民工子女如果在太原市普通高中、职业高中就读，需要提交“四证”（一年以上暂住证，家长婚育证明，原户籍所在地教育行政部门、乡（镇）或学校证明，家长工作单位证明）方可报名。沈阳市 2006 年规定，外来毕业生需要填写《沈阳市 2006 年中等学校招生考试照顾外地户口考生在沈报考申报表》，并且需要持户口所在地户口簿（原件）、沈阳市居住地管区公安派出所证明及父母工作单位证明，经区、县（市）教育局、招考办审核，市招考办批准后，方可在注册登记的派出所所在区、县（市）招考办报名。

① 许根宏，郑莉. 合肥市“同城待遇”惠及农民工子女. 安徽日报，2010－04－14.

3. 异地中考政策未与高考制度形成有效衔接，制约了其发展空间

接受高中教育的农民工子女，在相当程度上希望通过高考来接受高等教育。当前的高考制度由于严格限制考生在户籍地报名，这意味着农民工子女即使能够在流入地接受高中教育，但仍得回到户籍地参加高考。中考制度和高考制度的高度关联，将这两个问题实际上“捆绑”在一起。但异地中考政策的调整，却没有带来相应的异地高考政策的跟进，造成了两者间缺乏有效的对接，影响了农民工子女对异地中考政策的兴趣。

4. “借读”成本较大，影响了异地中考对农民工家庭的吸引力

由于高中阶段教育属于非义务教育，国家财政支持有限，高中阶段学校通过收取一定的学费、“借读费”以及其他各种费用来保证学校的正常运转。但动辄上万元的高昂“借读费”相对于收入偏低的农民工家庭来讲是额外的成本支出。同时，中职学校只面向当地学生免费的政策也没有惠及农民工子女。在这种情况下，许多农民工家庭只能选择让子女返回户籍地接受高中阶段教育。

综合上述分析，在向非户籍学生开放高中阶段教育问题上，尽管许多城市的相关政策开始有所松动，但整体而言仍然具有较多的限制，惠及面较窄。另外，政策还处在试点和探索阶段，变化和反复的情况较多，影响了政策的权威性和实施效果。

三、五城市农民工子女异地中考政策问题调研

为了更深入地了解异地中考政策在实践中是否出台，以及出台之后的实施情况，课题组在 2009 年 10 月至 2010 年 3 月对北京、石家庄、合肥、贵阳和兰州 5 个城市的 11 所中学进行了专题调研，调研对象包括上述 5 个城市的教育行政部门领导，11 所中学的校长、教师以及农民工子女和家长。

（一）具体调研情况

1. 样本选取

考虑到省会城市是各个区域流动人口的集聚地，本次调查依据地域划分分别选取了华北、华东、西南、西北等区域的北京、石家庄、合肥、贵阳和兰州5个城市作为调查点，分别抽取上述城市的2—3所接纳农民工子女的中学进行调研。本次调研的11所学校分别为：北京市大兴金海中学、北京市大兴蒲公英中学，石家庄市20中、石家庄市32中，合肥市29中、合肥市36中，贵阳市15中、贵阳市南明区宏志学校，兰州市46中、兰州市新亚中学、兰州市杨家桥中学。上述中学都是该市接纳农民工子女较多的学校。

2. 样本量情况

（1）问卷调查情况

学生问卷：有效样本1116份。

家长问卷：有效样本539份。

教师问卷：有效样本382份。

（2）访谈情况

对上述5个城市的教育局长以及11所中学的校长进行访谈。访谈内容主要为该市生源结构变迁、农民工子女异地中考政策的基本发展历程、面临的挑战等。

3. 调研内容

调研内容主要集中在上述5个城市关于农民工子女中考政策出台与执行情况，农民工子女实际参与情况，学校校长、教师及学生家长对政策实施情况的反应等方面。

4. 调研程序

在正式调研前，选择北京大兴区进行试调研，根据试调研结果，对问卷进行修订和完善，从而形成正式问卷。调研实施程序如下。

（1）与各城市教育主管部门联系沟通，确定具体调研学校。

（2）进行调研部署与活动设计。通过教育局及各学校对农民工子女所占比例进行统计；通过上述5个城市教育部门领导召集样本学校领导对调研工作进行动员说明，并部署调研任务。

(3) 到教育部门与机构进行调研。对上述5个城市教育部门领导进行访谈；到调研学校进行具体抽样设计，确定投放样本的班级；对各样本学校调查员进行问卷调查培训指导；发放学生问卷、家长问卷、教师问卷，调查结束后进行问卷回收并进行信息录入。

（二）调研发现

1. 农民工子女以省内流动为主，但仍有超过1/3为跨省流动

在对5个城市农民工子女的调查中发现，农民工子女的户籍所在地以本省居多。其中，本省其他市、县户口占50.6%，本市户口占12.4%，外省户口仅占37.0%。以省内流动为主的空间流动，客观上减少了异地中考政策的设计难度，便于教育资源的调配。但是，仍有超过1/3的农民工子女为跨省流动。如何保障这些跨省流动的儿童顺利接受高中阶段教育，成为异地中考政策无法回避的问题。

表3-2 农民工子女户籍属地状况

类别	比例
户口所在地	
本市	12.4%
本省其他市、县	50.6%
外省	37.0%

2. 农民工子女“不流动”，已经成为各城市事实上的居民

62.4%的农民工子女已经在流入地生活了5年以上，14.5%的农民工子女在流入地生活了3—5年，到达流入地不足1年的仅占4.9%。其中，有22.7%的农民工子女在流入地出生。流动人口“不流动”，他们在所流入的城市工作、学习、生活，已经是事实上的城市居民。

表 3-3　农民工子女在城市的居住时间

类　别	比　例	类　别	比　例
开始在本市就读时间		在本市居住的时间	
初中以前	74.2%	不到 1 年	4.9%
初一	15.3%	1—3 年	18.2%
初二	6.2%	3—5 年	14.5%
初三	4.3%	5 年以上	62.4%
是否在本地出生			
是	22.7%		
否	77.3%		

3. 农民工子女家长社会地位不高，以社会底层职业为主

农民工子女家长中有相当一部分从事零售、贩卖、装修等社会较为底层的职业，这使得他们在社会交往活动中的话语权相对较弱，这也在一定程度上影响着农民工群体对异地中考政策的参与程度，影响着异地中考政策的推进力度。

表 3-4　农民工子女父母的职业构成

职业	父亲	母亲
务农	5.6%	6.4%
建筑工人	9.8%	2.9%
装修工人	9.6%	1.9%
小商贩	17.3%	18.0%
运输工人	7.5%	1.6%
回收废品	3.1%	1.5%
种植养殖	1.3%	0.9%
零售店主	8.6%	10.7%
其他	37.2%	56.2%

4. 农民工子女家长的教育程度大多集中在初中文化水平

农民工子女家长的受教育程度在某种程度上反映了其对子女教育的认知，影响着其子女的学业发展选择，也影响着子女未来是否会以新一代“农民工”的形式留在城市。在被调查的农民工子女家长中，有55.0%为初中文化水平。没上过学的占4.2%，小学文化程度占19.8%。与之相比，高中、中专及以上学历所占比例仅为21.0%。农民工家长接受高端教育相对缺乏，在一定程度上会削弱其对农民工子女异地中考政策的社会影响力。

表3－5　农民工子女家长受教育程度

受教育程度	比　例
没上过学	4.2%
小学	19.8%
初中	55.0%
高中或中专	19.6%
大专	0.6%
本科	0.8%
合计	100.0%

5. 学生、家长和教师对异地中考政策的认知水平差异较大

在问及对农民工子女中考政策的相关问题时，大部分学生及教师对政策了解情况较好，但对农民工子女毕业出路选择有较大影响力的家长，却有相当一部分不了解该政策，这在一定程度上反映了异地中考政策的影响力有待提高。

（1）农民工子女对政策的了解都比较积极，绝大多数都知道当地政策

学生对政策出台情况非常清楚，91.8%的学生知道当地的中考政策，仅8.2%的学生不知道。

表3－6　学生对政策的了解情况

类　别	比　例
所在城市是否允许农民工子女参加中考	
知道	91.8%
不知道	8.2%

（2）教师对政策的了解情况相对一般

在教师对农民工子女中考政策的了解方面，57.5%的教师了解当地城市的农民工子女中考政策，32.3%的教师回答不清楚。

表3-7 教师对政策的了解情况

类别	比例	类别	比例
所在市是否出台农民工子女中考政策		学校是否实施该政策	
出台了	57.5%	是	62.2%
没出台	10.2%	否	9.0%
不清楚	32.3%	不清楚	28.8%

（3）家长对政策的了解较差，学校是农民工子女家长了解政策的主要渠道

家长对政策的了解情况较差，有45%的家长对是否出台中考政策表示不清楚。

从信息的获取渠道看，学校是农民工子女家长了解异地中考政策的主要渠道。有45.4%的家长是通过该渠道了解这一政策的，有31.3%的家长是通过电视媒体获取信息的，而政府组织、报纸及其他媒体则对学生家长的信息传播影响力有限。因此，信息传播渠道有待进一步拓宽。

表3-8 家长对政策的了解情况

类别	比例	类别	比例
所在市是否出台农民工子女中考政策		政策了解渠道	
出台了	46.9%	学校	45.4%
没出台	7.5%	政府组织	3.5%
不清楚	45.6%	电视	31.3%
		报纸	10.6%
		其他媒体	9.2%

6. 实施异地中考政策对学生的学习成绩、心理和毕业选择具有诸多积极效果

（1）近一半的教师、农民工子女认为政策变化对学生成绩有积极影响。

占47.3%的教师认为，允许中考后农民工子女学习成绩上升；仅有12.8%的教师认为允许中考后农民工子女学习成绩下降。

实施这一政策后，有43.1%的农民工子女认为他们的成绩提高了，而仅有7.6%的农民工子女认为成绩下降了。

表3-9　政策变化对学生成绩的影响

类　别	教　师	农民工子女
允许中考后学习成绩变化情况		
上升	47.3%	43.1%
下降	12.8%	7.6%
没有变化	39.9%	49.3%

（2）六成教师认为政策变化对农民工子女心理有积极影响

调研显示，62.1%的教师认为允许中考后农民工子女变得更加开朗了，31.8%的老师认为没有变化，仅有6.1%的教师认为变得更加消极了。

表3-10　教师认为政策变化对农民工子女心理的影响

类　别	比　例
政策变化对农民工子女心理的影响	
变得更加开朗了	62.1%
变得更加消极了	6.1%
没什么变化	31.8%

（3）城市当地学生对异地中考政策态度积极，且认为对自身有正面影响

68.3%的城市当地学生对异地中考政策持积极的认可态度，愿意外地学生参加本地的中考；仅有13.2%的城市当地学生对此不支持；有18.5%的城市当地学生则对此表示说不清。

关于外来学生在本地中考对城市当地学生的影响，46.8%的城市当地学生认为政策变化对他们的心理“没什么影响”，21.5%的城市当地学生认为“使高中更加难考了”，有12.7%的城市当地学生认为“使学校更加拥挤了”。

总体上，大部分城市当地学生对异地中考政策的认同度较高，能积极看待这一政策对自身的影响。

表3－11　政策变化后城市本地学生的态度

类　别	比　例	类　别	比　例
是否愿意外来同学在本地参加中考		外来同学在本地中考对你的影响（多选）	
愿意	68.3%	没有影响	46.8%
不愿意	13.2%	使高中更加难考了	21.5%
不知道	18.5%	从他们身上学到了很多	45.8%
		使学校更加拥挤了	12.7%
		其他	1.8%

7. 异地中考政策影响着学生毕业后的“去留”选择

与中考政策实施前相比，政策实施后，选择在城市参加中考接受高中教育的比例由45.0%上升到72.7%，返回户籍地参加中考的比例由28.8%下降到9.6%。而关于是否回原籍或留在城市就读职业学校的打算则变化不大。

表3－12　政策变化对农民工子女毕业后选择的影响

毕业出路选择	政策实施前	政策实施后	比例变化
回家乡参加中考读高中	28.8%	9.6%	－19.2%
在当地读高中	45.0%	72.7%	27.7%
在本市就读职业学校	16.6%	12.5%	－4.1%
回家乡参加中考，就读职业学校	4.1%	2.1%	－1.9%
直接就业	5.5%	3.1%	－2.5%

8. 在城市读高中是农民工子女家长和当地学生家长对孩子未来出路的首要选择

无论是农民工子女家长，还是当地城市学生家长，大部分家长希望子女能够在城市高中就读，仅有少数家长希望孩子上职业学校或做其他选择。

表 3－13　农民工子女家长与当地学生家长对孩子未来出路的打算

对孩子未来出路的打算	农民工子女家长	当地学生家长
在当地就读高中	77.8%	82.5%
在本市就读职业学校	11.1%	12.5%
其他	11.1%	5.0%

9. 城市职业学校对农民工家长和农民工子女的吸引力不足

农民工家长中仅有12.8%非常愿意孩子在城市读职业学校，大多数学生家长（60.3%）更希望让孩子上高中然后考大学。

在进入职业学校遇到的困难方面，“学费高，难以承受”成为农民工家长顾虑的主要因素。而办理手续难以预知的复杂也成为家长的重要顾虑。

表 3－14　农民工家长对职业学校的态度

类　别	比　例	类　别	比　例
愿意让孩子在当地上职业学校吗		进入职业学校存在的困难（多选）	
非常愿意	12.8%	政策不允许	16.2%
没有其他上学的道路只好上职业学校	15.3%	学费高，难以承受	54.6%
不愿意，还是想让孩子上高中考大学	60.3%	不知道如何办理入学手续	37.6%
无所谓，看孩子的兴趣	11.6%	其他原因	35.4%

从农民工子女对职业学校的态度看，仅有33.7%的学生明确表示愿意

在城市职业学校就读，而且，职业学校学费高也是他们难以选择的原因（占68.5%），这在一定程度上说明提高职业学校的吸引力、降低或减免学费，是促进农民工子女进入职业学校就读的重要途径。

表3－15　农民工子女对职业学校的态度

类　别	比　例	类　别	比　例
如果政策允许进入当地的职业学校你是否愿意就读?		进入职业学校存在的困难（多选）	
愿意	33.7%	政策不允许	38.6%
不愿意	32.3%	学费高，难以承受	68.5%
没想好	34.0%	其他原因	39.6%

10. 政策对流入地家庭的冲击并不大

数据显示，69.7%的当地家长认为农民工子女在本市参加中考对当地学生没有影响，16.9%的当地家长认为有积极影响。由此可以看出，异地中考政策对流入地学生家庭的冲击并不大。

表3－16　当地家长对农民工子女参加中考是否影响自己孩子的看法

类　　别	比　　例
有积极影响	16.9%
变得更加消极了	13.4%
没有影响	69.7%

第四章

北京市农民工子女异地中考政策调研

一、北京市农民工子女异地中考政策的现状

二、样本概况及研究结论

三、结论与建议

一、北京市农民工子女异地中考政策的现状

2009年3月8日，北京教育考试院指出，没有北京市正式户口且政策规定不允许报考的初三借读生，可以“借考生”的身份参加中考。

北京市教委在《加强中小学接收借读生管理》中规定，没有北京市正式常住户口的学生办理相关手续后，可在京借读。除中招政策规定的9类无本市户口但可参加中招报名、报考的初三生外，其余借读生可在京参加中考，但不能填报升学志愿。借考生不能被2009年中招简章中的任何一所学校录取，但他们的中考体检和考试结果，将作为办理高中借读的有效参考。

市教委有关负责人介绍，借读生在借读校有临时学籍，不列入学校正式生学籍名册。借读期限一般为一学期至一学年，经学校同意可以延长。学生借读期间，参加学生活动、社团组织、评优选先和受奖励与处分等方面，与其他有正式学籍的在校生一样，享有同等权利和义务。在无特殊需求的情况下，学校将借读生与有北京市正式常住户口的学生混合编班。借读生离校时，发给其借读证明，注明借读年级和年限、在校表现、学习成绩。符合毕业资格或结业条件的，发给毕业证书或结业证书，证书字号中注明“借读”字样。

二、样本概况及研究结论

（一）样本概况

北京市调研的两所学校分别是北京市大兴区金海中学和北京市大兴区蒲公英中学。北京市大兴区金海中学是一所公办初中校，是北京市一所公办学校接收农民工子女较多的学校。北京市大兴区蒲公英中学创建于2005年，是北京市第一所，也是目前仅有的一所专门为农民工子女开办的中学，致力于解决农民工子女上中学难、上好中学更难的问题。蒲公英中学是一所民办非营利性的、公益性的平民学校，在社会爱心人士的捐助和奉献中诞生和成长。

调研内容为北京市关于农民工子女中考政策出台的情况、执行情况、

农民工子女实际参与实施情况、学校校长与教师及学生家长对政策实施情况的反映。

问卷回收及访谈情况如下：

①学生问卷：回收200份，有效样本200份，有效率100%。

②教师问卷：回收50份，有效样本50份，有效率100%。

③家长问卷：回收99份，有效样本99份，有效率100%。

④访谈数量：1名北京市教育局科长，2名学校校长。

1. 学生样本的基本情况

表4－1是学生样本总体的基本情况。样本中男女学生的比例大致持平，男生稍多于女生；平均年龄15岁；90.5%是汉族；86.0%为九年级学生，即毕业班学生；农民工子女占74.5%，当地学生占25.5%。

表4－1　学生样本基本状况

类　别	比　例	类　别	比　例
性别		问卷类型	
男	57.0%	农民工子女	74.5%
女	43.0%	当地学生	25.5%
平均年龄	15.0（岁）	所在年级	
民族		七年级	14.0%
汉族	90.5%	八年级	0.0%
少数民族	9.5%	九年级	86.0%

2. 教师样本的基本情况

教师样本中女教师占72.0%，男教师比例偏少，占28.0%；平均年龄是31岁；在所调查的教师中，42.0%是班主任；平均教龄是7年。

表4－2　教师样本基本状况

类　别	比　例	类　别	比　例
性别		是否为班主任	
男	28.0%	是	42.0%
女	72.0%	否	58.0%
平均年龄	31（岁）	平均教龄	7（年）

3. 家长样本的基本情况

在被调查的家长中，75.8%是学生的父亲或者母亲，11.1%是学生的祖父母或外祖父母，9.1%是学生的亲属；76.7%是农民工子女家长。

表4-3　家长样本基本状况

类　别	比　例	类　别	比　例
与学生关系		问卷类型	
父亲或母亲	75.8%	农民工子女家长	76.7%
祖父母或外祖父母	11.1%	当地学生家长	23.3%
亲属	9.1%		
其他	4.0%		

（二）研究结论

1. 60%以上的农民工子女初中以前就在北京读书，近一半农民工子女已经在北京生活了五年

从图4-1中我们可以清楚地看到，65.5%的农民工子女在初中以前就在北京市就读。

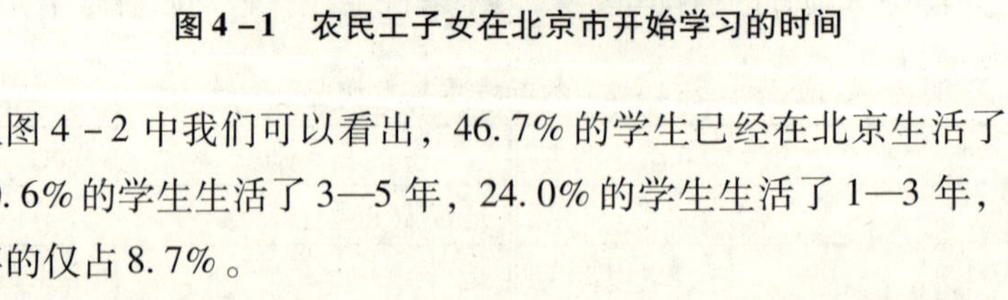

图4-1　农民工子女在北京市开始学习的时间

从图4-2中我们可以看出，46.7%的学生已经在北京生活了5年以上，20.6%的学生生活了3—5年，24.0%的学生生活了1—3年，生活不到一年的仅占8.7%。

2. 农民工子女父母的文化程度低、从事的职业层次低

从图4-3中我们可以很直观地看出，农民工子女父母的文化程度比较低，大部分父母的受教育程度集中在小学、初中、高中或者中专。从图

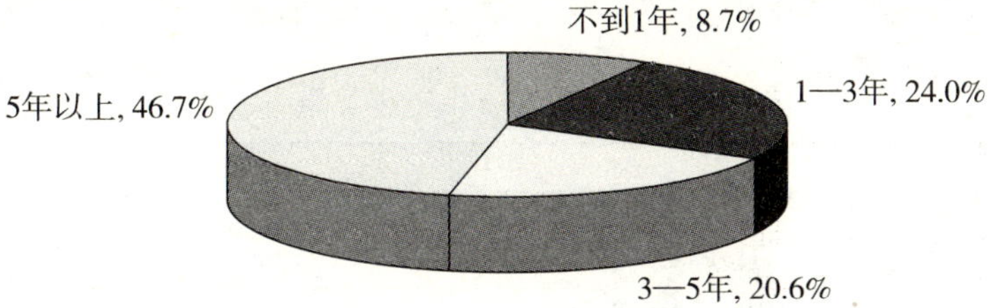

图 4 -2　农民工子女在北京市居住的时间

4 -4 中，我们可以得出，农民工子女父母所从事的职业主要集中在建筑工人、装修工人、小商贩、运输工人等技术含量低、主要以体力劳动为主的职业。

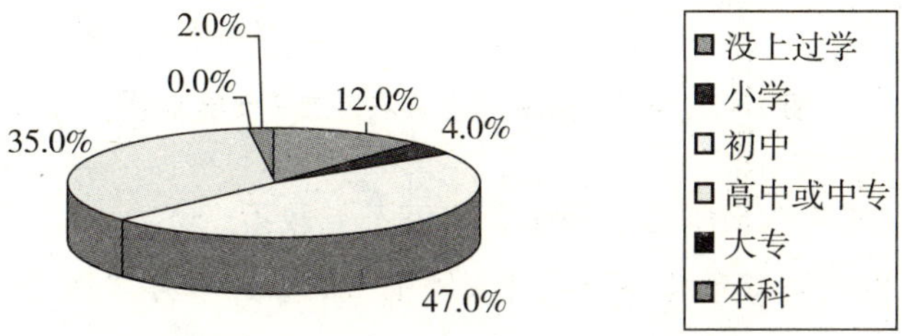

图 4 -3　农民工子女父母的文化程度

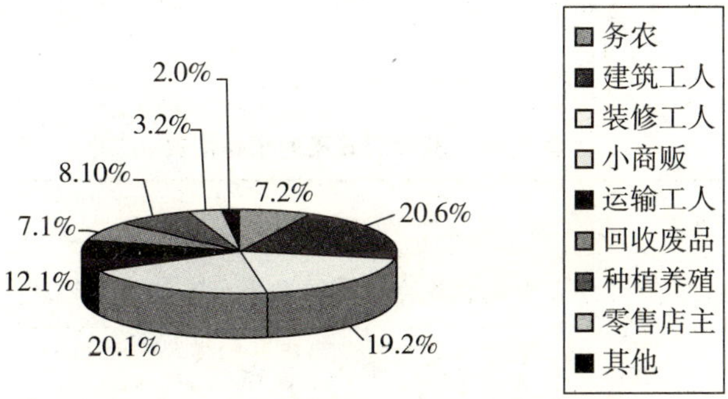

图 4 -4　农民工子女父母所从事的职业

3. 学生、教师、家长对北京市出台的农民工子女异地中考“借考”政策的了解情况

（1）学生对这一“借考”政策了解地非常清楚

学生对政策出台情况非常清楚，在被问及“所在城市是否允许农民工

子女参加中考”，87. 8% 的学生知道北京市允许农民工子女“借考”，仅 12. 2% 的学生不知道。

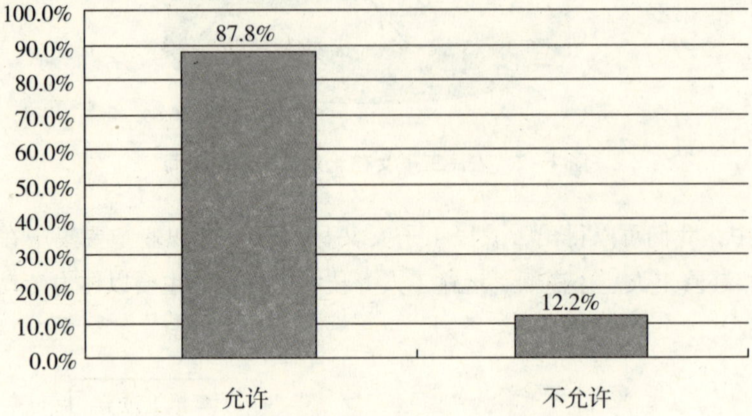

图 4－5　所在城市是否允许农民工子女参加中考

（2）近 60% 的教师也了解这一“借考”政策

59. 1% 的教师知道北京市允许农民工子女参加中考“借考”，9. 6% 的教师认为这一“借考”政策没有出台，31. 3% 的教师至今还不清楚这一“借考”政策是否出台。其中，能够准确回答政策出台时间的教师仅占 20. 9%。另外，知道所在学校已经实施了该项中考“借考”政策的教师占 53. 1%。

表 4－4　教师对政策的了解情况

类　别	比　例	类　别	比　例
所在市是否允许农民工子女参加中考		学校是否实施这项政策	
出台了	59. 1%	是	53. 1%
没出台	9. 6%	否	12. 2%
不清楚	31. 3%	不清楚	34. 7%
政策出台时间			
回答正确	20. 9%		

（3）很大一部分家长对这一“借考”政策并不了解

从图 4 –6 中我们可以看出，高达 40.2% 的农民工子女家长对北京市出台的这项中考“借考”政策并不知晓，甚至有 24.7% 的家长认为“借考”政策没有出台。其中，很大一部分家长是通过学校（30.8%）和电视（27.7%）知道这一政策的，而通过政府组织了解到这一政策的比例仅占 6.0%（见图 4 –7）。

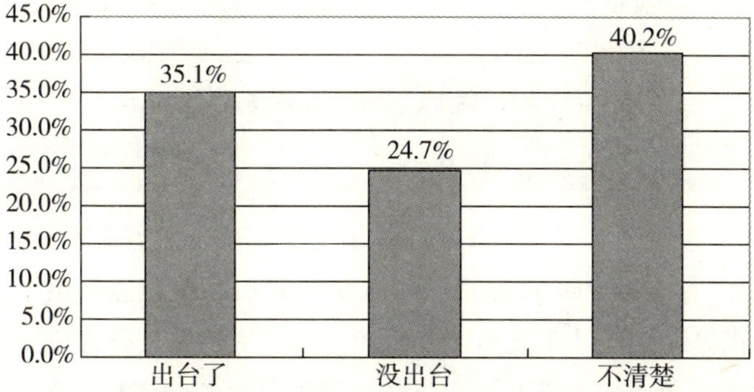

图 4 –6　家长是否了解所在市出台的农民工子女中考“借考”政策

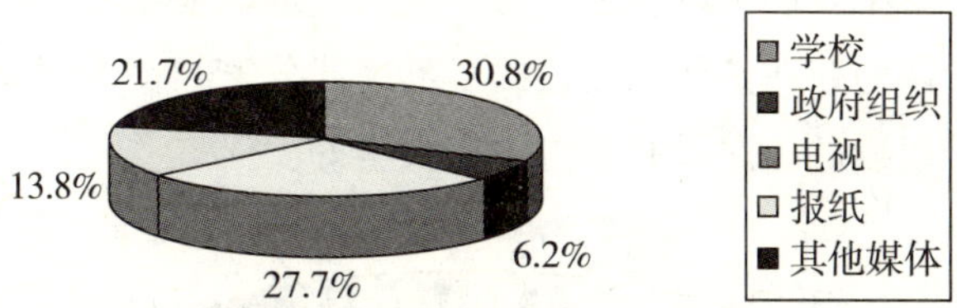

图 4 –7　家长了解政策的渠道

4. 在北京市现行的只允许农民工子女中考“借考”，但并不能在本市就读高中的政策下，农民工子女对自己初中毕业后的道路选择以及其家长对就读当地职业学校的看法

（1）很大一部分农民工子女在初中毕业后想继续读高中，仅有 1/4 的学生想就读本市的或者家乡的职业学校

从图 4 –8 可以看出，选择“回到家乡参加中考继续读高中”的占 20.5%，选择“在当地就读高中并交纳赞助费”的占 21.9%，从这两部分可以看出还有很大一部分农民工子女希望继续读高中；选择“在本市就读职业学校”的占 17.7%；选择“回家乡参加中考并就读职业学校”的

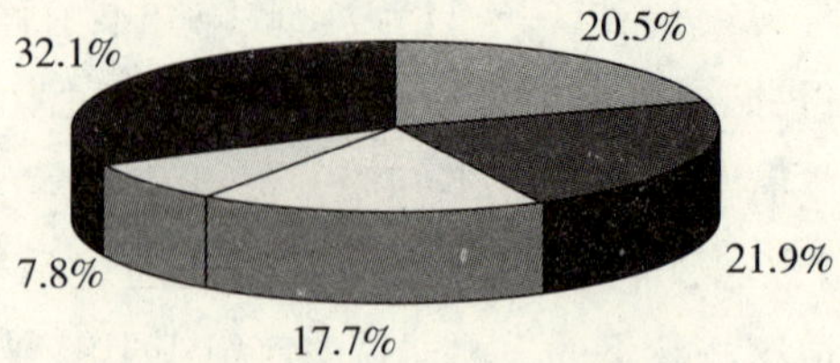

图 4－8　初中毕业后你想选择哪条成才的道路

占 7.8%；选择“直接就业”的占 32.1%。

（2）近 70% 的农民工子女家长并不愿意让孩子上当地职业学校

从图 4－9 中我们可以看出，67.1% 的家长并不愿意让孩子上当地职业学校，而是希望让孩子上高中考大学；12.9% 的家长是在没有其他上学道路的前提下才会让孩子上职业学校；只有 11.4% 的家长非常愿意让孩子在当地上职业学校。

从图 4－10 中我们可以看出，对于进入当地职业学校存在的困难，有 58.5% 的家长认为存在其他原因，据了解这部分家长认为职业学校的办学质量差，孩子以后的出路没有考高中上大学好。

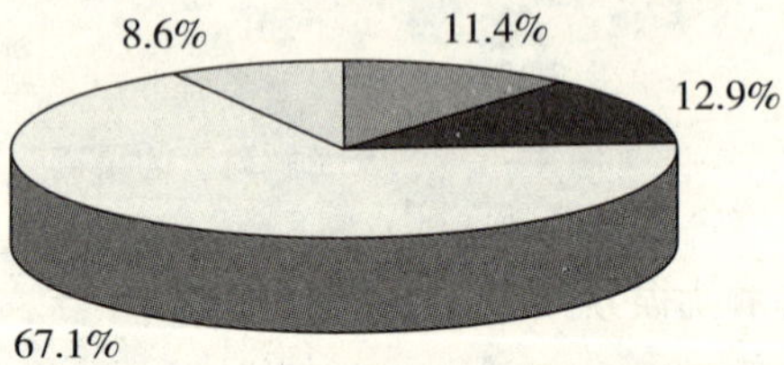

图 4－9　您愿意让您的孩子在当地上职业学校吗

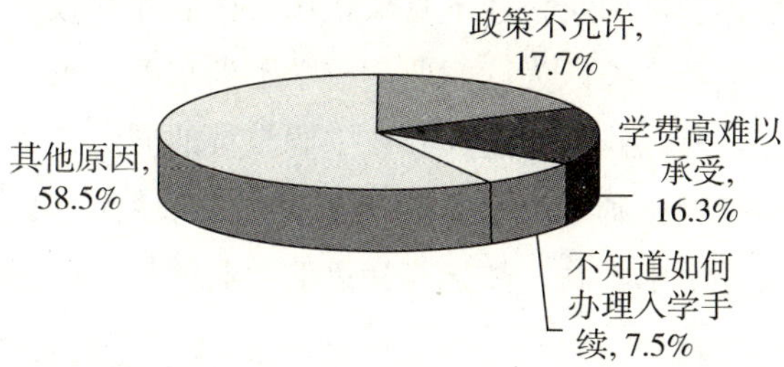

图 4－10　家长认为进入当地职业学校存在的困难

三、结论与建议

通过问卷调查以及访谈学校教师、校长，我们可以得出在户籍制度与教育权利还没有脱钩、高考制度还没有改革的情况下，北京市实行的这一中考“借考”政策没有真正解决农民工子女的初中后教育问题。初中毕业后他们选择的出路主要有：一是学习好有望考大学的，将会在暑假返回老家，找一所高中完成学业；二是无望上大学的，将会选择在北京上一所中职学校，继续学习一项在北京生活的技能；另外还有很大一部分农民工子女初中毕业后即流入社会。

通过访谈北京市教育主管部门的领导，我们认识到解决农民工子女初中后教育问题是一项复杂的工程，如果允许农民工子女升入当地高中，这很可能刺激外来人口的流入，使“父母跟着子女走”的现象越来越多，而目前北京个别区域环境人口承载能力已处于超载状态。另外，北京市高中阶段教育资源本来就很紧张。可见，解决农民工子女初中后教育问题是一项长期的、系统的工程，不可能一蹴而就。

目前北京市可以做到和应该做到的就是开放并改革中职教育，为农民工子女提供更加适合的教育，这是一项双赢的策略。一方面北京本地生源极少有人愿意读中职，所以北京市的中职学校面临没有生源的困境，开放中职教育可以解决它们的生源问题，也将对北京教育以及社会经济发展起到极大的促进作用；另一方面也为农民工子女提供了一条出路，使他们能够更好地融入城市。

事实上，北京市的一些中职学校已经开始招收非京籍生源，但是我们从调查中得知很多学生和家长并不青睐于选择读职业学校。究其原因，我们发现这部分学生及家长认为读职业学校学不到东西，不如考高中读正规大学这条出路好，所以我们在建议开放中职教育的同时，也要改革中职教育，提高职业学校的教师素质、办学水平，加大政府的扶持和监督力度，逐渐打造出一批办学水平高、教学有特色的职业学校，改变学生及家长对职业学校的看法。

另外，在科学规划的基础上可以有计划、有比例地让农民工子女读高中。允许符合一定条件的农民工子女在北京读高中并参加高考，比如，在北京就读小学 5 年以上，其父母在北京工作或居住满 6 年，参加北京市的社会保险满 6 年，依法在北京缴纳所得税等。当然，这项措施需要严格的监督配套策略，严防“高考移民”现象的出现。

在各项条件逐步成熟的情况下，更长远的措施就是改革户籍制度，实现教育公平。

第五章

石家庄市农民工子女异地中考政策调研

一、政策出台的背景及过程

二、研究结论及相关分析

三、石家庄市农民工子女异地中考政策实施效果和建议

一、政策出台的背景及过程

（一）政策出台的背景

1. 社会、经济发展带来的机遇与挑战

河北省省会城市石家庄是随着近代铁路的开通而崛起的新兴城市，是国务院批准实行沿海开放政策和金融对外开放的城市。石家庄市现辖6个区、12个县、5个县级市和1个国家级高新技术开发区，总面积1.58万平方公里，常住人口939.5万，其中市区面积455.8平方公里，人口231.3万。石家庄市极具发展潜力，自然资源丰富，旅游资源丰富，交通通信便利，基础设施配套完善，工商业发达，市场前景广阔，投资环境较为优越。在全球经济一体化迅猛发展的今天，石家庄市为早日实现“加快发展、富民强市”的宏伟目标，正在依托自身优势，全力打造“中国药都”、“全国纺织基地”、“华北重要商埠”、“北方特色农业区”和以区域性高新技术产业中心为主导的支柱产业。这吸引了大规模的外来务工人员前来就业，也使该市成为流动人口聚集地区，而农民工子女的就学问题亦越来越为全社会所关注。

2. 当地教育制度的推进

2004年，石家庄市实行一费制后，本地居民和农民工子女上学一视同仁，农民工子女大量拥入。随着2008年义务教育费用全免在全市的推行，外来务工经商人员子女拥入市内学校就学的步伐大大加速，来势之猛之快已经超出有关方面的预计。入学门槛的降低，促进了当地中考的大门向农民工子女开启。

3. 学生和家长的现实需要

由于户籍障碍，农民工子女完成义务教育后只能有四种选择：一是返回户籍所在地参加中考；二是留在流入地，支付昂贵的借读费就读城市高中；三是进入职业学校；四是放弃升学。现行职业学校的三年学制和单一的全日制模式不适合农民工子女的实际需求，使得大多数家长不支持孩子选择职业学校。而这些不够工作年龄的孩子辍学后，有的无所事事，四处闲逛；有的流连于网吧、游戏厅；有的甚至走上犯罪的道路。这就给个人、家庭甚至社会带来了一系列的问题。解决好农民工的后顾之忧，为石家庄市的和谐发展作出更大的贡献，是政府的职责所在。

（二）政策出台过程

据石家庄市桥东区教育局教育科科长臧大健介绍，近年来，随着城市规模不断扩大，大量外来人口涌入，农民工子女“入学难”成为困扰石家庄发展的难题。石家庄市为解决这一难题，近年来逐步打破城乡壁垒，农民工子女可以跟城市孩子站在同一起跑线上，享受同样优质的教育资源。

从 1998 年开始，石家庄市经有关部门审核批准，在市区陆续创建了 9 所“国有民办”、“四独立”学校，这些学校在保证九年义务教育落实的前提下，为农民工子女入学提供了条件和选择的机会。

1999 年 12 月，石家庄市市委、市政府出台了《关于加快发展个体私营经济若干政策的补充意见》，该《意见》第十四条中对外来务工人员子女在石家庄市就学作了明确规定：“外地到我市从事个体私营经济人员的子女入托、入学，按所在地居民同等对待。”《意见》中制定了一系列政策，明确了外来务工人员子女就学的法律地位，依法保障了其受教育的权益。

2001 年，石家庄市人民政府出台了《关于我市市区户籍管理制度改革的意见》，其中的优惠政策使长期在石家庄市务工经商、相对固定的外来人口转化为城市居民，享受城市居民待遇。这样，这部分流动人口家庭的子女入学问题就逐步解决了。在义务教育阶段实行一视同仁政策的基础上，石家庄又将政策向学前教育和高中教育阶段延伸。

从 2004 年秋季新学年开学开始，河北省开始实行“一费制”，取消借读费，不论户口是否在石家庄市，一律与市民子女同等对待。当年的中考报名要求中有如下规定：“借读生：在石家庄市借读、回户口所在地报考确有困难的考生，可以参加原毕业学校报名，但要按外地类考生报名，填报志愿时只允许填报民办学校。”

2006 年的中考政策中规定：“符合条件的外来务工人员子女享有与市区毕业生同等待遇。在省会初中就读的来石务工经商人员子女，只要家长有暂住证、务工证明等有效证件，即可在就读学校报名参加中考。”

石家庄市教育考试院在《关于2008年中考报名工作安排意见》中明确提出："居住市区且长期在市区经营工商企业及外来务工人员的子女且具有市区初中学籍者……在就读学校报名。""务工子女凭'工商营业执照'或工作单位证明及暂住证可按市区户口考生对待，在就读学校报名。"这表明，农民工子女可以参加本市的高中、职业高中和省重点高中的入学考试。

石家庄市近年来的中考政策不断对农民工子女降低门槛以至不设门槛。只要学生家长持务工经商证明、房屋租赁证明、暂住户口或暂住证到所在区教育行政部门登记，就由所在区教育局按学生实际住址划片免试就近入学。高中招生，对外来人口子女户口已迁入石家庄市的，统一参加全市的中考，择优录取。户口不在石家庄市的，需要借读的高中生，按同级同类学校的互转原则，为其办理正常的转学手续。

二、研究结论及相关分析

（一）样本概况

本次调研的两所学校分别为石家庄20中和32中。这两所学校都是市重点公办学校。它们在执行"两为主"政策中起到了积极的示范作用，是石家庄市接收农民工子女比较典型的学校。20中是石家庄市示范性综合高中，其"特色办学"为农民工子女的升学提供了良好的平台。该校初中部学生共959人，其中农民工子女600人，占在校生比例为63%。32中学生共427人，其中农民工子女282人，占在校生比例为66%。

调研内容为当地关于农民工子女中考政策出台、执行情况，农民工子女实际参与实施情况，学校校长、教师及学生家长对政策实施情况的反映。

两所学校共选取学生210人，每所学校以班级为单位选择两个3年级班进行调研。选取教师90人，家长110人。

问卷回收及访谈情况如下：

①学生问卷：发放问卷210份，回收样本207份，回收率98.6%。有效样本205份，有效率99.0%。其中，有效农民工子女样本153份，比例

为73.9%。

②家长问卷：发放问卷110份，回收样本107份，回收率97.3%。有效样本103份，有效率96.3%。其中，有效农民工子女家长样本74份，比例为69.2%。

③教师问卷：发放问卷90份，回收样本86份，回收率95.6%。有效样本83份，有效率96.5%。

④访谈数量：1名石家庄市桥东区教育局教育科科长，2名学校校长。

1. 学生样本基本情况

图5-1和表5-1是学生样本总体的基本情况。图5-1表示学生类型，在所调查的学生样本中，农民工子女占71.5%，当地学生占28.5%，二者比例为2.5∶1。

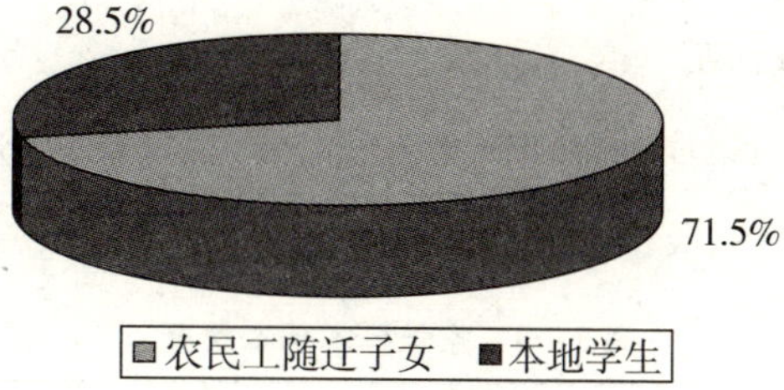

图5-1　学生类型

从表5-1中的统计可以看出，学生样本中男生占48.8%，女生占51.2%，二者比例接近0.95∶1；平均年龄为15岁；98.1%为汉族，1.9%为少数民族；97.2%为九年级毕业班学生。

表5-1　学生样本基本状况

类　别	比　例	类　别	比　例
性别		所在年级	
男	48.8%	七年级	1.9%
女	51.2%	八年级	0.9%
平均年龄	15（岁）	九年级	97.2%
民族			
汉族	98.1%		
少数民族	1.9%		

2. 教师样本基本情况

教师样本中男教师占14.5%，女教师占85.5%，二者比例为1∶5.9；41.5%为班主任；平均年龄为36岁；平均教龄为14年。

表5-2 教师样本基本状况

类 别	比 例	类 别	比 例
性别		是否为班主任	
男	14.5%	是	41.5%
女	85.5%	否	58.5%
平均年龄	36（岁）	平均教龄	14（年）

3. 家长样本基本情况

在被调查的家长中，95.1%为学生的父亲或母亲，2.0%为祖父母或外祖父母，2.9%为亲属；71.8%为农民工子女家长，28.2%为当地学生家长。

表5-3 家长样本基本状况

类 别	比 例	类 别	比 例
与学生关系		问卷类型	
父亲或母亲	95.1%	农民工子女家长	71.8%
祖父母或外祖父母	2.0%	当地学生家长	28.2%
亲属	2.9%		

（二）研究结论

1. 省内流动特征明显

在对学生家长的调查中发现，户口在外地的居多。其中，具有本市户口的占28.2%，具有外地户口的占71.8%，其中绝大多数是本省其他市、县户口。省内流动的特征自然地避免了高考移民的障碍；省内流动也使教育资源易于分配，使石家庄市农民工子女中考政策的实施更加具有可行性。

表 5－4　家长样本基本状况

类　别	比　例
户口所在地	
本市	28.2%
外地	71.8%

2. 已经成为石家庄市的事实居民

数据显示，初中以前就在石家庄市就读的学生占 89.7%；80.3% 的学生已经在石家庄市生活了 5 年以上，7.2% 的学生生活了 3—5 年，11.2% 的学生生活了 1—3 年，生活不到 1 年的学生仅占 1.3%，有 15.7% 的学生就出生在石家庄市。他们在这所城市里学习、生活，在事实上已经是这里的居民。

表 5－5　农民工子女生活状态

类　别	比　例	类　别	比　例
开始在本市就读时间		在本市居住的时间	
初中以前	89.7%	不到 1 年	1.3%
初一	7.5%	1—3 年	11.2%
初二	1.4%	3—5 年	7.2%
初三	1.4%	5 年以上	80.3%
是否在本地出生			
是	15.7%		
否	84.3%		

3. 农民工子女家长文化水平中等

如图 5－2 所示，被调查的农民工子女家长绝大多数受教育程度中等偏下，文化水平普遍处于中等偏下层次。其中，初中程度的占 63.1%，高中或中专程度的占 29.1%，小学、大专和本科程度的比例很小。

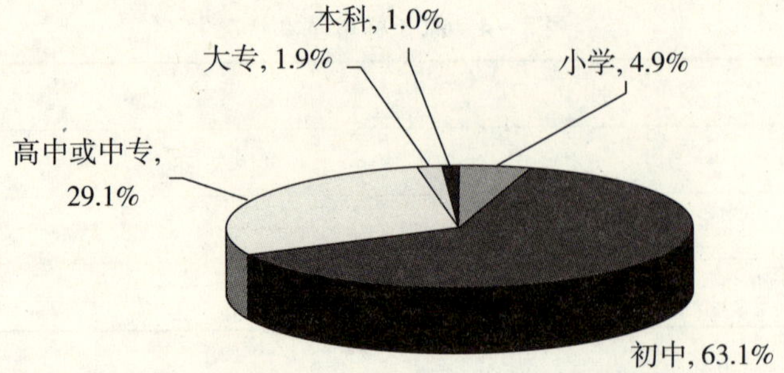

图 5－2　农民工子女家长的文化程度

4. 政策宣传力度不够

在问及对农民工子女中考政策的相关问题时，大部分学生及教师对政策了解情况良好，但对农民工子女毕业出路有发言权的家长，却有相当一部分不知道政策的施行，这影响了政策执行的效果。调研数据显示，与政府组织、电视、报纸及其他媒体相比，学校是农民工子女家长了解政策的主要渠道，占 57.0%。这说明政府及媒体的政策宣传力度远远不够，尤其是对这些流动的文化水平不高的人群应采取更加灵活多样的宣传形式。

（1）学生对政策的了解情况

学生对政策出台情况相对来讲非常清楚，95.4% 的学生知道石家庄市农民工子女中考政策，4.6% 的学生不知道，认为不允许。

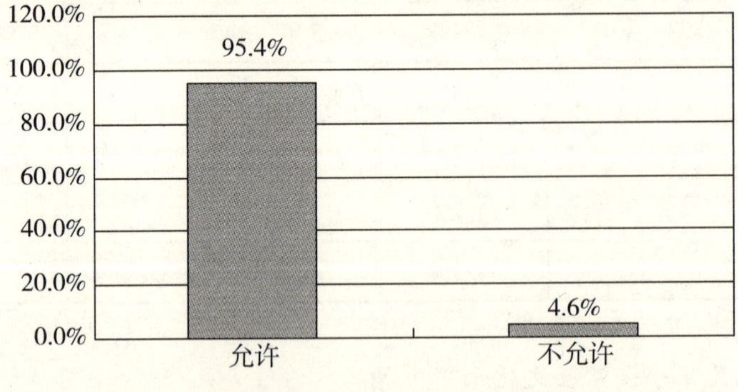

图 5－3　所在城市是否允许农民工子女参加中考

（2）教师对政策的了解情况

教师对石家庄市农民工子女中考政策的了解情况良好，74.7% 的教师了解本市农民工子女中考政策，1.2%的教师认为没有出台，24.1%的教师回答不清楚。其中，能够正确回答政策出台时间的教师占50.0%；知道所在学校已经实施了该项中考政策的教师占77.8%。

表5－6　教师对政策的了解情况

类　别	比　例	类　别	比　例
所在市是否出台农民工子女中考政策		学校是否实施政策	
出台了	74.7%	是	77.8%
没出台	1.2%	否	2.5%
不清楚	24.1%	不清楚	19.7%
政策出台时间			
回答正确	50.0%		

（3）家长对政策的了解情况

家长对政策的了解情况比较差，近一半（42.7%）的家长对石家庄市出台的这项中考政策并不知晓，其中，40.2%的家长表示不清楚，2.5%的家长甚至认为政策没有出台。家长对政策的了解主要通过学校，其次为电视。

表5－7　家长对政策的了解情况

类　别	比　例	类　别	比　例
所在市是否出台农民工子女中考政策		政策了解渠道	
出台了	57.3%	学校	57.0%
没出台	2.5%	政府组织	0.0%
不清楚	40.2%	电视	22.4%
		报纸	10.3%
		其他媒体	10.3%

5. 政策施行效果

（1）政策变化对学生成绩的影响

图 5－4 为政策允许异地中考后学生学习成绩变化的情况。有 38.0% 的教师认为允许中考后农民工子女学习成绩上升，56.6% 的教师认为允许中考后农民工子女学习成绩没有变化，仅有 5.4% 的教师认为允许中考后农民工子女学习成绩下降。

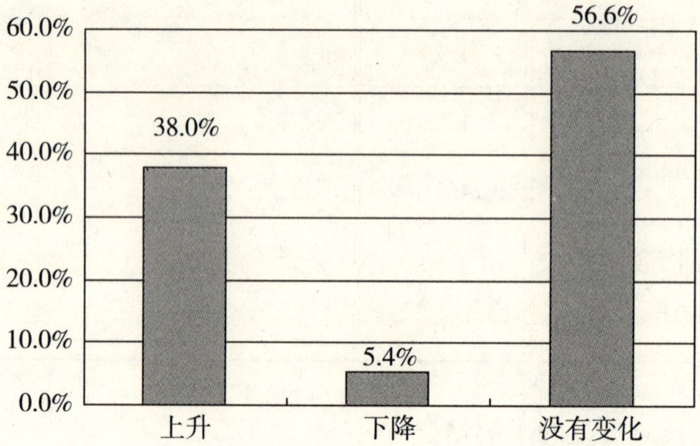

图 5－4　教师认为政策变化对学生总体成绩的影响

（2）政策变化对农民工子女心理的影响

如表 5－8 所示，46.0% 的教师认为政策允许中考后农民工子女变得更加开朗了，52.0% 认为没有变化，仅有 2.0% 的教师认为变得更加消极了。这说明，政策的放开对学生心理的发展有利。

表 5－8　政策变化对农民工子女心理的影响

类　　别	比　　例
政策变化对农民工子女心理的影响	
变得更加开朗了	46.0%
变得更加消极了	2.0%
没什么变化	52.0%

（3）政策变化对学生毕业后选择的影响

与中考政策实施前相比，政策实施后，选择回到家乡参加中考继续读高中的比例由 15.5% 下降到 0.7%，在当地就读高中并交纳赞助费的由

41.3%上升到83.3%，在本市就读职业学校的由28.8%下降到12.5%，回家乡参加中考，并就读职业学校的由1.9%下降到0.7%，直接就业的由12.5%下降到2.8%。

表5-9 政策变化对学生毕业后选择的影响

政策实施前毕业出路选择	比 例	政策实施后毕业出路选择	比 例
选择回到家乡参加中考继续读高中	15.5%	选择回到家乡参加中考继续读高中	0.7%
在当地就读高中并交纳赞助费	41.3%	在当地就读高中并交纳赞助费	83.3%
在本市就读职业学校	28.8%	在本市就读职业学校	12.5%
回家乡参加中考，并就读职业学校	1.9%	回家乡参加中考，并就读职业学校	0.7%
直接就业	12.5%	直接就业	2.8%

（4）政策变化对当地学生心理的影响

从表5-10可以看出，70.6%的被调查教师认为政策变化对当地学生的心理“没什么影响”，有25.4%的教师认为政策变化后当地学生“压力更大了，学习更努力”，表示“很排斥这项政策”的占3.9%。可见，政策的实施并没有对当地学生心理产生负面影响，反而对他们的学习起到了促进作用。

问及外来同学在本地中考对当地学生的影响时，表示“没有影响，进城务工人员子女应该在这里读高中”的当地学生占66.7%，表示他们“在这里读高中，使我们高中更加难考了”的占17.5%，表示他们“有很多优秀的品质值得学习，我们学到了很多”的占57.9%，表示他们“在这里读高中，使学校更加拥挤了”的占10.5%。有72.0%的当地学生愿意外来同学在本地参加中考。数据表明，当地学生对政策的认同度较高。

表 5－10　政策变化对当地学生心理的影响及其认识

类　别	比　例	类　别	比　例
政策变化对当地学生心理的影响		进城务工人员子女有很多优秀的品质值得学习，我们学到了很多	57.9%
压力更大了，学习更努力	25.4%	进城务工人员子女在这里读高中，使学校更加拥挤了	10.5%
很排斥这项政策	3.9%	是否愿意外来同学在本地参加中考	
没什么影响	70.6%	愿意	72.0%
其他	0.1%	不愿意	11.7%
外来同学在本地中考对你的影响		不知道	16.3%
没有影响，进城务工人员子女应该在这里读高中	66.7%		
进城务工人员子女在这里读高中，使我们高中更加难考了	17.5%		

（5）农民工子女家长对职业学校的看法

从表 5－11 可以看出，60.4% 的学生家长不愿意让孩子上当地职业学校，想让孩子上高中考大学；“非常愿意”和“没有其他上学的道路只好上职业学校”的家长均占 13.2%；根据孩子的兴趣来进行选择的也占 13.2%。在目前进入职业学校存在困难的选择上，“学费高，难以承受”是家长认为进入职业学校的主要困难，所占比例为 64.3%；30.4% 的家长认为进当地职业学校“不知道如何办理入学手续”。

表 5－11　农民工子女家长对职业学校的看法

类　别	比　例	类　别	比　例
是否愿意让孩子在当地上职业学校		现在进入职业学校存在的困难（多选）	
非常愿意	13.2%	政策不允许	5.5%
无其他上学的道路只好上职业学校	13.2%	学费高，难以承受	64.3%
不愿意，还是想让孩子上高中考大学	60.4%	不知道如何办理入学手续	30.4%
无所谓，看孩子的兴趣	13.2%	其他原因	25.0%

（6）当地家长对政策影响的看法

表 5－12 中的数据显示，66.7% 的当地家长认为农民工子女在本市参加中考对当地学生没有影响，25.9% 的家长认为有积极影响，一些家长认为农民工子女在本市参加中考是对农民工子女的认可，享受同等教育可以使他们消除自卑感；有的认为可以与当地孩子取长补短，可以让孩子们更好地选择自己的未来；有的认为可以使当地孩子更主动地学习；有的认为这样可以激发孩子们的竞争进取意识，提高孩子们的竞争力等。仅有 7.4% 的家长认为这项政策对当地学生有消极影响，个别家长认为这样会争夺当地孩子的教育资源，会使他们增加考高中的难度，会影响他们将来的就业。

表 5－12　政策变化对当地学生的影响

类　别	比　例
政策变化对当地学生的影响	
有积极影响	25.9%
有消极影响	7.4%
没有影响	66.7%

三、石家庄市农民工子女异地中考政策实施效果和建议

（一）政策实施的积极影响

石家庄市农民工子女中考政策实施的积极影响主要体现在以下几个方面。

1. 解决了课程衔接问题，有利于升学

异地中考政策实施前，农民工子女在石家庄市所学课程与原籍的课程难以衔接，造成这些返乡学生的学业延误。政策实施后，农民工子女可以比较安心地在流入地完成高中阶段前的学业，从而提高了石家庄市内农民工子女的高中入学率。

2. 减少了农民工子女与当地学生的隔阂

农民工子女与石家庄市学生接受同等教育，同等学习，互相汲取对方的优点，取长补短，使不同学生处于更良好的竞争状态，更加刻苦，也有利于学生良好生活习惯的养成。

3. 有利于石家庄市的和谐发展与稳定

石家庄市给予农民工子女接受初中后教育的权利，有效地减少了初中后直接就业的比例，使他们有机会进一步获得在城市中生存与发展的文化知识与技能。而这些知识与技能必将反哺城市，成为石家庄市发展与稳定所必需的人力资源储备。

（二）石家庄市中考政策实施中面临的挑战

1. 教育资源不足

石家庄市教育局部分工作人员表示，根据目前进入石家庄市务工的流动人口的发展态势，越来越多的农民工子女进入石家庄的中小学校读书。这给当地政府和学校带来了很大的压力，如校舍紧张、教学设备短缺、师资不足等。

2. 农民工子女义务教育阶段国家配套经费问题，也是困扰石家庄市实施当前中考政策的一大困扰

目前义务教育阶段的国家配套经费管理以生源地管理为准，流入地对配套经费的无助，无形中给石家庄市中考政策的实施带来压力。

3. 为了参加高考，很多外省农民工子女不得不返回原籍参加中考

由于只能在原籍参加高考，许多外省农民工子女不得不在初二或初三时回到原籍准备参加当地的中考。这就使农民工子女离开了父母的照顾。另一方面，教了2—3年的学生流失，使得学校及教师的绩效难以衡量，削弱了教师的教学积极性。

（三）完善农民工子女异地中考政策的对策建议

1. 建立健全现代化的学籍管理系统

中央财政用于教育的投入是严格按户籍人口划分的，由于流动人口流入地的财力有限，这就很难做到有保障。现阶段我国户籍改革实施的条件还不成熟，因此这种财政投入方式就影响了流入地政府解决这一问题的进程和能力。将教育经费按学籍划分而不是按户籍划分将有助于解决这一问题。

针对义务教育，教育部2007年颁布了《中小学学生学籍信息化管理基本信息规范》，这意味着中小学生学籍可以纳入全国统一管理。《规范》结合我国中小学学生学籍管理的实际需要和有关规范在实际使用中存在的问题，遵照《教育管理信息化标准》，并参考了《高等学校学生学籍管理信息规范》，定义了中小学学生学籍管理中涉及入学、转学、借读、休学、复学、升级、毕业、综合素质评价、学业考试、奖励、处分等管理工作所需的基本信息。另外，《规范》还对学籍里应包含哪些信息、家长应如何填写学生信息、学校应如何登记学籍，以及学籍信息化系统开发生产企业的技术标准都作出了明确规定，为实现全国范围的中小学学生学籍数据共享和分析利用奠定了基础。但初中后教育的学籍管理尚没有政策出台，需要有关部门及早制定政策，建立健全现代化的学籍管理系统，进一步保障农民工子女的受教育权利。

2. 统筹教育资源配置

为使农民工子女参加流入地中高考，不仅需要充分的教育设施和完善的师资配备，更需要把农民工子女的升学需求纳入到整个城市的教育发展规划中进行统筹。让更多的孩子能够接受到公平、优质的教育，使教育在构建和谐社会中的基础性作用得到更加有效的发挥，是改变更多人的命运，实现幸福生活和美好未来的重要途径。

3. 改革中职教育，开放中等职业教育资源，为农民工子女提供更加适合的教育

虽然北京、上海、天津等教育资源有限的城市不适合全面开放高中教育资源，但其他城市可以采取适当的政策让农民工子女通过考试进入中等职业学校接受职业教育，使他们成为合格的劳动就业者，这样既可解决大部分孩子的就业问题，又能为这些城市对新生劳动力的需求作必要的补充。

农民工子女有着不同的教育需求，并不是所有的学生都需要接受普通高中教育进而升入高等学校。他们更多的是需要劳动技能的提高。因此，改变职业技术学校现状，重视发展中等职业教育，逐步降低中等职业学校学生收费标准，对初中毕业后无法或不想进入普通高中的学生，提供适合于他们的职业技能教育，是解决当前农民工子女初中后教育的有效途径。这样不仅可以免除农民工子女不必要的升学压力，又可以学到专门技术，有效控制辍学现象。同时，可以通过社区教育加强对农民工的培训，提高其职业技能，改变农民工对子女就学的态度，为孩子创造良好的学习环境。对于无法通过自己的能力让子女接受职业技能教育的农民工，还可以通过社区教育帮助其获得更多的知识和专业技能。

第六章

合肥市农民工子女异地中考政策调研

一、政策出台的背景及过程

二、研究发现与分析

三、合肥市农民工子女异地中考政策实施效果

四、完善农民工子女异地中考政策的对策建议

一、政策出台的背景及过程

（一）政策出台的背景

1. 社会经济发展带来的挑战

合肥是安徽省省会，行政辖区总面积为7029.48平方公里。截至2005年末，全市总人口为455.71万人，其中市区人口175.31万人。合肥是连接中部省份与东部省份的必经之地。同时经勘探其地下蕴藏有丰富的石油资源，是华东地区今后主要的能源供应基地。近年来，合肥市依托自身优势在国家“中部崛起”的号召下经济不断发展。这吸引了大规模的农民工前来就业，使合肥成为流动人口聚集地区，至2010年合肥市流动人口已超过40万人，农民工子女的教育问题随之而来。

2. 当地学校的客观要求

随着合肥市当地生源减少以及城市扩张配套学校的建设，使得一些学校仅靠当地生源难以为继。吸收外地生源成了当地一些学校的必由之路。以合肥29中为例：1999年合肥29中因招生严重不足停止招生。其间有的教师寻求调动，有的教师被安排支教。为此，学校提出了创办农民工子女学校的特色初中之路，这也开启了农民工子女在当地中考的大门。

3. 学生和家长现实需要

由于受户籍限制无法在流入地参加中考，农民工子女义务教育结束后只能有两种选择：其一，返回原籍，参加中考或就业；其二，选择留在流入地，花高价就读或者放弃升学。无论是哪种选择，都会给个人、家庭甚至社会带来一系列的问题。解决他们的后顾之忧，为合肥的发展作出更大的贡献，是政府的职责所在。

（二）政策出台过程

2000年7月，《关于合肥市29中开办义务教育初中阶段外地户口暂住合肥经商办厂务工子女初中教学班的可行性报告》获得安徽省教育厅批准，开始实施针对流动人口子女的两项优惠政策。

第一，初一年级新生可由学校统一到市教育局办理初中学籍手续；

第二，在29中就读的初中毕业生可由学校统一到市中招办报名准许报考市属普高。

自2000年8月23日合肥市向社会发出招生通知，合肥市中考试点工作开始实施，到2003年中考时，留在合肥市报考的28人中有12人达到高中录取分数线。从2005年9月开始，合肥市将市区32所公办中小学作为农民工子女定点学校，2006年定点学校增加到44所，2007年增加到70所；2008年3月出台的安徽省《普通初级中学学籍管理办法（试行）》，对农民工子女中考政策作出了明确规定："进城务工就业农民及其他流动人员子女，可以在流入地就读学校报名并在流入地参加考试录取，也可以按本人意愿回户籍所在地报名参加考试录取。同时在外省接受并完成义务教育的安徽学生自愿回安徽省报考升学的，原则上回户籍所在地报名参加考试录取"。

二、研究发现与分析

（一）调查概况

本次调研的两所学校分别为合肥29中及36中。

29中为合肥市包泽区一所初中校，学生数1842人，其中农民工子女1326人，为合肥市第一所农民工子女定点初中，也是第一所就读学生可以参加合肥市中考的学校。

36中为合肥市庐阳区一所初中校，学生数1321人，其中农民工子女820人，为"安徽省家教学校"，是接收农民工子女特别是对农民工子女进行家庭教育方面的典型。

每所学校以班级为单位选择两个九年级班进行调研，调研内容为当地关于农民工子女中考政策出台的情况、执行情况，农民工子女实际参与实施情况，学校校长、教师及学生家长对政策实施情况的反映。问卷发放、回收及访谈情况如下。

①学生问卷：发放222份，有效样本222份，其中农民工子女样本191份，比例为86%。

②家长问卷：发放125份，有效样本125份，其中农民工子女家长样本118份，比例为94.4%。

③教师问卷：发放51份，有效样本51份。

④访谈数量：1名合肥教育局局长，2名学校校长。

1. 学生样本基本情况

本次调查的学生样本量为222人，全部为九年级，即毕业班学生。这些学生的平均年龄15岁，男女性别比为104∶100，99.1%为汉族。其中，农民工子女占86.0%，当地学生占14.0%。

表6－1　学生样本基本状况

类　别	比　例	类　别	比　例
男	51.1%	农民工子女	86.0%
女	48.9%	当地学生	14.0%
九年级	100.0%	汉族	99.1%

2. 教师样本基本情况

教师样本中女教师占64%，男教师占36%。40.8%为班主任，平均年龄33.98岁，教龄11.95年。

表6－2　教师样本基本状况

类　别	比　例	类　别	比　例
性别		是否为班主任	
男	36%	是	40.8%
女	64%	否	59.2%

3. 家长样本基本情况

被调查的家长中，在与学生的家庭关系方面，46.8%的家长为学生的父亲或母亲，33.1%的家长为亲属，14.5%的家长为祖父母或外祖父母。在家长是否为本地人方面，95.2%的家长为农民工子女家长，4.8%的家长为当地学生家长。

表6-3 家长样本基本状况

与学生关系	比 例	问卷类型	比 例
父亲或母亲	46.8%	农民工子女家长	95.2%
祖父母或外祖父母	14.5%	当地学生家长	4.8%
亲属	33.1%		
其他	5.6%		

（二）研究发现

1. 流动类型以省内流动为主

在对农民工子女的调查中发现，户口所在地为本省的居多，占91.4%。其中，本市户口占40.5%，本省其他市、县、村户口占50.9%，外省户口仅占8.6%。省内流动的特征自然地避免了高考移民的障碍；省内流动也使教育资源易于分配，使合肥市农民工子女中考政策的实施更加具有可行性。

表6-4 农民工子女的户籍地分布状况

户口所在地	比 例
本市	40.5%
本省其他市、县、村	50.9%
外省	8.6%

2. 农民工子女已经成为合肥市的事实居民

数据显示，有22.4%的学生就出生在合肥，77.6%的学生初中以前就在合肥市就读。56.6%的学生已经在合肥生活了5年以上，17.9%的学生在合肥生活了3—5年，仅有1.0%的农民工子女在合肥的生活时间不到1年。他们在这座城市工作、学习、生活多年，事实上大部分已经是合肥的常住居民。

表6－5　农民工子女的生活状态

开始在本市就读时间	比　例	在本市居住的时间	比　例
初中以前	74.0%	不到一年	1.0%
初一	24.0%	1—3年	24.5%
初二	1.5%	3—5年	17.9%
初三	0.5%	5年以上	56.6%
是否在本地出生			
是	22.4%		
否	77.6%		

3. 农民工子女家长文化水平不高，社会地位普遍较低

被调查的农民工子女家长文化水平普遍不高，初中及以下学历的占76.7%。其中，没上过学的占19.4%，初中学历的占28.2%。

表6－6　农民工子女家长受教育程度

受教育程度	比　例
没上过学	19.4%
小学	29.1%
初中	28.2%
高中或中专	9.7%
大专、本科及以上	13.6%

职业是社会地位的重要衡量标准。从农民工子女的家长职业看，他们大都从事体力劳动职业，在整个社会分层中处于社会底层。

表 6-7　农民工子女父母的职业构成

单位:%

职　业	父　亲	母　亲
务农	3.7	6.3
建筑工人	10.5	2.1
装修工人	11.5	1.6
小商贩	12.0	14.7
运输工人	12.6	0.5
回收废品	7.3	3.7
种植养殖	1.6	1.6
零售店主	3.7	6.8
其他	37.2	62.8

4. 农民工家长和其子女对异地中考政策的认知差距较大

在问及对农民工子女中考政策的相关问题时，大部分学生及教师对政策了解情况良好，但对农民工子女毕业出路有发言权的家长，却有相当一部分不知道政策的施行，这影响了政策执行的效果。根据调查数据，与政府组织、电视、报纸及其他媒体相比，学校是农民工子女家长了解政策的主要渠道。这说明政府的政策宣传还不够，尤其是对于这些低学历的流动人群应采取更加灵活多样的措施。

（1）绝大部分学生对政策出台情况具有准确的认知

97.9%的学生知道合肥市农民工子女中考政策，1.2%的学生认为不允许在本地参加中考，0.9%的学生表示不知道该政策。

表 6-8　学生对政策的了解情况

所在城市是否允许农民工子女参加中考	比　例
允许	97.9%
不允许	1.2%
不清楚	0.9%

（2）教师对异地中考政策的了解情况较好

81.6%的教师知道合肥市农民工子女中考政策。在这些知道出台了该政策的教师中，能够正确回答政策出台时间的占89.1%，能清楚地知道所在学校已经实施了该项中考政策的占80%。

表6－9　教师对政策的了解情况

所在市是否出台农民工子女中考政策	比　例	学校是否实施政策	比　例
出台了	81.6%	是	80%
没出台	18.4%	不清楚	20%
政策出台时间			
回答正确	89.1%		

（3）农民工家长对异地中考政策的了解情况不容乐观

家长对政策的了解情况较差，仅有62%的农民工家长对异地中考政策是否出台有准确认知，34%表示不清楚，甚至4%认为政策没有出台。

表6－10　家长对政策的了解情况

所在市是否出台农民工子女中考政策	比　例	政策了解渠道	比　例
出台了	62.0%	学校	30.5%
没出台	4.0%	政府组织	7.6%
不清楚	34.0%	电视	47.6%
		报纸	11.4%
		其他媒体	2.9%

5. 政策施行效果

（1）政策变化对学生成绩的影响

63.3%的教师认为实施异地中考政策使得农民工子女学习成绩提升了，这表明该政策对学生具有一定的激励和促进作用；与此同时，有2.0%的教师认为允许中考后农民工子女学习成绩下降了。

表 6－11　教师认为该政策对学生成绩的影响

类　　别	比　　例
允许中考后学习成绩变化情况	
上升	63.3%
下降	2.0%
没有变化	34.7%

（2）政策变化对农民工子女心理的影响

根据调查结果，81.6%的教师认为允许中考后农民工子女变得更加开朗了；18.4%的教师认为没有变化。这说明，异地中考政策的放开在总体上是对学生心理有正向的暗示与激励作用的。

表 6－12　教师认为异地中考政策对农民工子女心理的影响

类　　别	比　　例
政策变化对农民工子女心理的影响	
变得更加开朗了	81.6%
没有变化	18.4%

（3）政策变化对学生毕业后选择的影响

与中考政策实施前相比，政策实施后，选择回到户口所在地参加中考继续读高中的比例由30%下降到5.3%；在当地就读高中并交纳赞助费的由61.8%上升到89.9%；在本市就读职业学校的由6.4%下降到4.3%。回户口所在地参加中考，并就读职业学校的由1.8%下降到0.5%。

表 6－13　政策变化对学生毕业后选择的影响

类　别	比　例	类　别	比　例
政策实施前毕业出路选择		政策实施后毕业出路选择	
选择回到户口所在地参加中考继续读高中	30%	选择回到户口所在地参加中考继续读高中	5.3%

续表

类　别	比　例	类　别	比　例
在当地就读高中并交纳赞助费	61.8%	在当地就读高中并交纳赞助费	89.9%
在本市就读职业学校	6.4%	在本市就读职业学校	4.3%
回户口所在地参加中考，并就读职业学校	1.8%	回户口所在地参加中考，并就读职业学校	0.5%

（4）政策变化对当地学生心理的影响

当地学生对异地中考政策能积极看待，具有较高的认同度。83.9%的当地学生愿意外地同学在本地参加中考。在问及外来同学在本地中考对你的影响时，当地学生表示没有影响、进城务工人员子女应该在这里读高中的占62.5%，认为进城务工人员子女应该在这里读高中，但是使高中更加难考了的占34.6%。同时，也有70.4%的当地学生认为进城务工人员子女有很多优秀的品质值得学习，也学到了很多，有25%的当地学生认为进城务工人员子女应该在这里读高中，但是使得学校更加拥挤了。

表6－14　当地学生对异地中考政策的认识与态度

类　别	比　例	类　别	比　例
外来同学在本地中考对你的影响（多选）		是否愿意外来同学在本地参加中考	
没有影响	62.5%	愿意	83.9%
使高中更加难考了	34.6%	不愿意	9.7%
进城务工人员子女有很多优秀的品质值得学习，我们学到了很多	70.4%	不知道	6.4%
使学校更加拥挤了	25%		

（5）农民工子女家长对职业学校的看法

62.6%的学生家长明确表示不愿意让孩子上职业学校，仅有5.6%的农民工家长表示非常愿意让孩子上职业学校。这表明职业学校对农民工家庭的吸引力不足，有待提高。对于进入职业学校的困难，“学费高，难以承受”成为家长顾虑的主要因素。

表6－15　农民工子女家长对职业学校的态度

类　别	比　例	类　别	比　例
愿意让孩子在当地上职业学校吗		进入职业学校存在的困难	
非常愿意	5.6%	政策不允许	13.2%
没有其他上学的道路，只好上职业学校	24.3%	学费高，难以承受	69.8%
不愿意，还是想让孩子上高中考大学	62.6%	不知道如何办理入学手续	11.3%
无所谓，看孩子的兴趣	7.5%	其他原因	5.7%

三、合肥市农民工子女异地中考政策实施效果

（一）政策实施的积极影响

合肥市农民工子女中考政策的实施，其积极影响主要体现在以下四个方面。

1. 有利于农民工子女健康心理的养成

一方面，继续在父母身边接受教育，有利于未成年人的身心发展。多数初中毕业生还处于青春期的阶段，生理和心理都很脆弱，有父母在身边疏导、照顾有助于他们的身体健康和学业进步。另一方面，获得同等受教育权利，使他们减轻了边缘感和自卑感，有利于社会稳定。

2. 解决了进城农民工后顾之忧，有利于社会进步

改革开放三十多年来，进城农民工为我国的改革开放和社会进步做出了巨大贡献，提高他们的生活质量，解决子女的教育问题，是促进他们进一步为社会进步做出贡献的动力所在。

3. 有利于城市发展

给予农民工子女接受初中后教育的权利，有效地减少了初中后直接就业的比例，使他们有机会获得在城市中生存的文化知识与技能。而这些技能和知识又反哺城市，成为城市发展所必需的人力资本。

4. 农民工子女享受与流入地学生同等待遇，体现了社会公平

实现社会公平首先是教育公平。允许农民工子女在流入地参加中考，是一个积极的信号，说明政府正在逐步放开招生限制，给流动人口更多的公民待遇。

（二）政策实施中面临的挑战

1. 学校任务重、责任大

一方面，由于农村孩子的行为习惯、学习方式可能与城市不适应，两种生活学习方式之间的衔接成为一个突出问题。学校及教师不得不在学校管理及日常生活管理上花费更多的时间和精力，以促进农民工子女养成适应城市学习生活的行为方式与习惯。另一方面，由于农民工子女家长的工作性质及学历水平限制，许多学生家庭教育缺失。家庭教育的缺失也由学校来弥补，这导致学校及教师责任加大，疲于应付。

2. 农村教育资源浪费，城市教育负担加重，城乡教育水平差距进一步拉大

从学校及教育主管部门了解的情况看，由于合肥市的农民工子女多为省内流动，并不影响其高考，有些农村学生并不是农民工子女，而是寄养在亲戚家中享受城市优质的教育资源。这一方面使得城市教育负担加重，另一方面使得农村生源流失，教育投入减少，城乡教育发展不均衡的局面进一步加剧。

3. 高考导向使得很多外省农民工子女不得不回原籍参加中考

由于只能在原籍参加高考，许多跨省流动的农民工子女不得不在初二或初三时回到户籍所在地参加中考，在户籍所在地接受高中阶段教育。这一方面使得农民工子女难以得到父母的照顾，另一方面对于流入地的学校和教师而言，所教了的学生经常流失，使得教师及学校的绩效难以衡量，

削弱了教师的教学积极性。

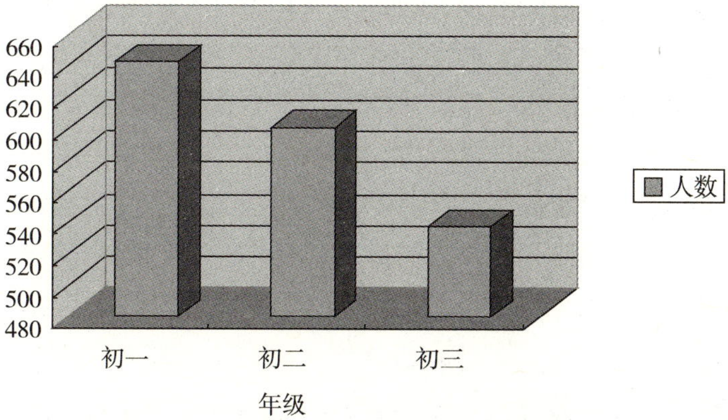

图 6－1　合肥市第 29 中分年级人数

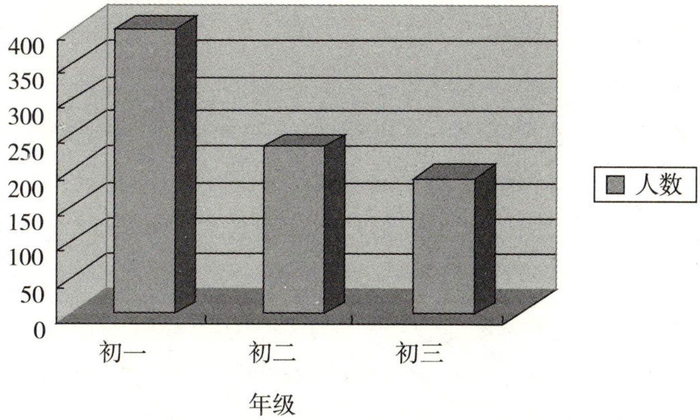

图 6－2　合肥市第 36 中分年级人数

（三）农民工子女异地中考政策问题产生的原因

1. 制度原因

阻碍农民工子女接受高中阶段教育的根本原因，是我国的教育体制和与之相关的户籍制度。升学参加高考、接受高等教育是学生和家长共同的心愿，但正是“考大学”成了农民工子女上学问题上难以逾越的最后一道鸿沟。农民工即使付出巨额择校费或赞助费解决了因户口歧视而上不了高中的障碍，用一生的心血、委屈和希冀培养呵护着新一代移民，但最后的高考问题却成为不能解决的难题。根据教育部《2006 年普通高等学校招生工作规定》，申请报考高等学校的所有考生须在其户口所在省、自治区、直辖市招生委员会指定的地点报名。农民工子女即便在城里读完高中，高考还得回到老家即“原籍”去参加考试，而各省（自治区、直辖市）的教材、教学方法以及高考命题情况均不尽一致，这就为返籍高考的学生带来极大困难。一些地方甚至限制农民工子女回乡报考，在外地就读的学生陷入被双重拒绝的境地，进一步限制了农民工子女接受高等教育的权利，影响了农民工子女发展权的实现。

2. 经济原因

影响农民工子女接受高中阶段教育的直接原因，是农民工收入较低无法承担高额的教育费用。2006 年国家统计局《城市农民工生活质量状况调查报告》显示：进城务工或经商农民工的平均月收入为 966 元，一半以上的农民工月收入在 800 元以下。其中，月收入在 500 元以下的占 19.67%，月收入在 500—800 元的占 33.66%，只有一成农民工的月收入超过了 1500 元。而农民工子女在城里读书一学年的学费平均支出为 2450 元，许多孩子上学还需交纳一定的借读费、赞助费等，每人平均交纳费用为 1226 元。如果考虑到农民工家庭生存与发展所必需的开支，单单学费与借读费这两项高昂的费用就使得农民工用于家庭发展的资金愈发紧张。高中阶段教育不属于义务教育，其中普通高中还有高额的择校费，中等职业教育则根据专业不同每年收取 1000—4000 元不等的学费，这对于大部分生活在城市贫困线以下的农民工来说心有余而力不足。

3. 文化原因

农民工子女高中阶段教育问题的深层次障碍是文化因素。一方面农民工群体教育观念落后。“知识无用论”在一些农村非常普遍，“不能读书就出去打工”的思想广泛存在。而大中专毕业生就业难更加深了农民工及其子女“不读书一样赚钱”的看法。另一方面由于城乡文化的差异，农民工及其子女受到严重的社会排斥。受传统观念的影响，农民工子女进入城市学校后，往往受到城市学生、家长甚至一些教师的歧视，很难与城里人进行成功的交往，不得不承受巨大的心理压力。

4. 社会原因

社会对于童工和未成年工状况的漠视以及社会保障不健全，成为农民工子女高中阶段教育困境的社会因素。我国经济仍处于劳动密集型时期，企业对于劳动力素质的要求并不高，再加上农民工劳动力成本较低，很多单位和企业都愿意录用农民工。而我国劳动领域的法律不健全，使用童工和未成年工的情况普遍存在，这给农民工子女提供了辍学后的去处。同时，我国有关农民工方面的社保体系建设几乎还是空白，农民工子女受教育方面的保障更无从谈起。当农民工子女的教育陷入困境时只能依靠自己解决，而处于十四五岁年龄的农民工子女已经可以成为家庭的最好帮手，于是很多农民工子女为了减轻家庭的负担自愿辍学提前进入劳动领域。

四、完善农民工子女异地中考政策的对策建议

（一）在经济发展类似地区推广这项改革

我国各城市发展进程不同，农民工容量也各不相同。与东部及沿海地区相比，安徽是农民工重要输出地，农民工子女以省内流动为主，在当地城市升学的压力相对较轻，尝试相关改革压力相对较轻，因此实施这一政策比较容易。而对于其他经济发达的地区而言，在条件较为成熟的情况下推行这一政策，让更多农民工子女的受教育需求得到满足，应该是一项利国利民且对当地发展均有利的好事。

（二）开放中等职业教育资源

北京、上海、天津等地虽然由于教育资源有限，不适合全面开放高中教育资源。但采取适当的政策让农民工子女通过考试进入中等职业学校接受职业教育，使他们成为合格的劳动就业者，这样既可解决大部分孩子的就业，又能为这些城市对新生劳动力的需求作必要补充。

（三）改革高考户籍制度

1950 年 8 月，公安部在内部颁发《特种人口管理暂行办法（草案）》，正式开始了对重点人口的管理工作，也是新中国户籍制度的起点。1951

年7月，公安部制定并颁发了《城市户口管理暂行条例》，这是新中国成立以来最早的关于户籍管理的法规，基本统一了全国城市的户口登记制度。1958年1月，全国人民代表大会常务委员会通过了《中华人民共和国户口登记条例》。该条例以法律的形式对户籍管理的宗旨、户口登记的范围、主管户口登记的机关、户口簿的作用、户口申报与注销、户口迁移及手续、常住人口与暂住登记等方面都作了明确规定，是新中国城乡统一户籍制度正式确立的标志。该条例第十条规定："公民从农村迁往城市，必须持有城市劳动部门的录用证明、学校的录取证明或者城市户口登记机关的准予迁入的证明，向常住地户口登记机关申请办理迁出手续。"从户籍制度本身来看，它的基本功能是证明公民身份、提供人口资料、发现和防范犯罪，但也为农民工子女在非户籍所在地的城市就学设置了重重障碍。

2009年3月，教育部出台新的高考政策，规定"因公长期在非户籍所在省（区、市）工作的人员或其随迁子女确需在其工作或学习地借考的，在两地试卷相同的前提下……可在考生工作或学习所在地的省（区、市）办理借考手续参加考试。"这项政策为农民工子女高考提供了方便，但这项政策需要两地试卷相同的限制使得很多农民工子女被挡在门外。如要惠及更多农民工子女，可尝试在农民工子女较多的城市统一命题试卷，以解决他们的高考顾虑。

（四）改革中职教育，为农民工子女提供更加适合的教育

农民工子女有着不同的教育需求，并不是所有的学生都需要接受普通高中教育并升入高等学校。他们更多的是需要劳动技能的提高。因此，改变职业技术学校现状，重视发展中等职业教育，逐步降低中等职业学校学生收费标准，对初中毕业后无法或不想进入普通高中的学生，提供适合于他们的职业技能教育，是解决当前农民工子女初中后教育的有效途径。这样不仅可以免除农民工子女不必要的升学压力，又可以学到专门技术，有效控制辍学现象。同时，可以通过社区教育加强对农民工的培训，提高其职业技能，改变农民工对子女就学的态度，为孩子创造良好的学习环境。对于无法通过自己的能力让子女接受职业技能教育的农民工，还可以通过

社区教育帮助其获得更多的知识和专业技能。

现行职业学校的三年学制和单一的全日制模式不适合农民工子女的实际需求。职业教育被称为是“为了生存的教育”，应当以能力和实用为本，而不是以学历为本。况且，许多职业（例如宾馆服务）的技能培训的确不需要长达三年的全日制教育。目前北京市职业学校中文化课与专业课的比重是4∶6，如能适当减少文化课比例，就可以明显缩短学习年限。此外，以实用技能培训为主的职业教育，可以采取多种多样短期培训的方式。事实上，北京市中职学校已经开始举办面向外来务工人员和郊区农民的成人教育学历班、与企业合作的成人研修班等，拓宽了生源市场，为农民工子女的学习提供了便利，也减轻了农民工家庭的经济负担。天津中等职业学校实行灵活、开放的教学制度和学籍管理制度，采取全年招生和办理录取手续，全年注册，推行学分制和弹性学制，学生可通过半工半读、工学交替，分阶段完成学业。对农民工子女，学校利用寒暑假或旅游旺季，组织他们一边学习一边打工，用打工的钱支付学费和补贴生活费。这些经验都是值得借鉴的。

第七章

贵阳市农民工子女异地中考政策调研

一、政策出台的背景及过程

二、样本概况及研究结论

三、贵阳市农民工子女异地中考政策的影响与对策建议

一、政策出台的背景及过程

（一）政策出台的背景

贵阳是贵州省的省会，位于中国西南云贵高原东部，是我国西南地区重要的中心城市之一，是贵州省的政治、经济、文化、科教、交通中心和西南地区重要的交通通信枢纽、工业基地及商贸旅游服务中心，被誉为“高原明珠”。近几年来，贵阳市又决定实施“大贵阳”战略，着力打造磷化工基地、铝工业基地、西部药业基地、绿色食品生产加工基地、西部信息化产业基地、西部装备制造业基地这 6 大产业基地，并由此形成 10 大经济板块。

随着城市化进程的推进，大量农民工进城务工就业，农民工子女的数量也呈上升趋势，以每年 10% 的速度增长。截止到 2007 年底，在贵阳市义务教育学校就读的农民工子女有 125976 人，占全市义务教育阶段在校生总数的 23.3%（其中小学生 100050 人，占全市小学生总数的 26.3%；初中生 25926 人，占全市初中生总数的 16.2%）。到 2008 年底，全市在义务教育学校就读的农民工子女超过 13 万人。从数据中我们可以看出，已经有很大一部分农民工子女现在已经是初中生，由于受户籍限制，初三的学生无法在当地参加中考，农民工子女义务教育结束后只能有两种选择：其一，返回原籍，参加中考或就业；其二，选择留在流入地，花高价就读或者放弃升学。

无论是哪种选择都会给个人、家庭甚至社会带来一系列的问题。如果返乡就读，就存在影响升学的问题，因为各地课程改革程度和教材存在较大差异，在流入地学校所学内容与原籍学校教学内容难以衔接，这样就势必影响这部分学生的升学成绩。另外还会造成亲情缺失问题，回原籍参加中考并在原籍读高中，使这些学生与家长长期分离，因而长期缺乏父母关爱，这样就会给他们的心理造成负面影响，主要体现在缺乏自信心、情绪不稳定、逆反心理、人际关系较差等方面。

如果选择在当地花高价就读，高昂的学习费用是很多农民工家庭难以承受的。这样就会有很大一部分农民工子女放弃升学，选择直接就业，但是由于文化水平低，相对有技术含量的工作胜任不了，所以就很可能会陷入“进城上学—初中毕业—辍学打工—成为第二代农民工”的怪圈。另外，这些初中毕业就进入社会的农民工子女可能由于缺乏生存技能，无法融入城市，而成为“两抢一盗”的后备军，即新的社会不安定因素。

贵阳市政府鉴于自身的责任和上述一系列的现实问题，出台了农民工子女异地中考政策。

（二）政策出台的过程

为了解决农民工子女教育问题，贵阳市出台了一系列政策法规和相关措施，具体如下。

贵阳市政府和相关部门首先解决了农民工子女义务教育阶段的入学问题。

2001年以来，贵阳市教育局每年安排专款用于民办打工子弟学校改善办学条件。从2004年起，每年市政府为民承诺的“十件实事”，第一件都是改扩建公办中小学，扩大接纳进城务工人员子女读书范围；另外，为部分民办学校提供补贴，对自建校舍的每年安排300万元用于民办学校贷款贴息。自2004年9月起，凡就读公办中小学的，起始年级的学生凭父母身份证、暂住证或暂住地区街道办出具的相关证明材料到所在地招生办或教育科登记，到居住地附近学校就读，收费标准与当地学生一视同仁，并免收借读费；若其居住地所在片区学校生源过于紧张可调剂到生源不足的学校就读。这为农民工子女进入公办学校就读开辟了一条“绿色通道”。2007年，贵阳市委、市政府决定对不能享受公办教育资源而就读民办学校的农民工子女给予学杂费补助。从2008年起，对具有贵阳市户籍、在民办义务教育学校就读的农民工子女，参照贵阳市义务教育“两免”标准，提供生均公用经费和免费教科书。

2009年贵阳市下发了《贵阳市关于进一步加强进城务工人员子女和农村“留守儿童”义务教育工作的若干措施》的通知，并特别规定，凡具有贵阳市义务教育阶段学籍的进城务工人员子女（初中毕业生）可在该市参加中考，只能报考该市省级示范性普通高中择校生和其他普通高中统招生。凡具有初中毕业以上学历或同等学力的进城务工人员子女，不受户籍限制，均可报读市、区（市、县）属中等职业学校，并享受国家有关中职资助政策。

按照规定，进城务工人员子女只要同时满足三个条件就可参加中考：(1) 本人及其父母属农村户籍。(2) 随父母或其他法定监护人到云岩区、南明区、小河区、金阳新区（以上统称城区）或其他区（市、县）政府所在地居住，且在户籍所在地没有监护条件。(3) 父母或其他法定监护人在贵阳市已取得IC卡居住证（暂住证），且至申请入学当年8月底前已在贵阳市实际居住1年以上。不属于办证范围的，须提供暂住地街道办事处出具的居住证明。

二、样本概况及研究结论

本次调研的目的是了解贵州省贵阳市实施农民工子女异地中考政策现状、政策出台的背景，总结实施经验及存在的困难，并进一步探讨这一政策在全国范围内实施的可能性，为国家决策部门最终出台流动人口异地就学、升学政策提供参考。调研内容为当地关于农民工子女中考政策出台的情况、执行情况，农民工子女实际参与实施情况，学校校长、教师及学生家长对政策实施情况的反映。下面是调研的概况和相关的研究结论。

（一）样本概况

在贵州省贵阳市调研的两所学校分别是贵阳市第十五中学和贵阳市宏志学校。贵阳市第十五中学是贵阳市南明区的一所公办初中校，目前在校学生数1700人，其中农民工子女776人，是贵阳市接受农民工子女较多的一所公办学校。贵阳市宏志学校是贵阳市南明区的一所为农民工子女解决入学问题的民办学校，创建于1997年，至今已有14年的历史，目前在校学生数562人，其中农民工子女551人。

问卷回收及访谈情况如下：

①学生问卷：回收219份，有效样本212份，有效率97%。

②教师问卷：回收99份，有效样本95份，有效率96%。

③家长问卷：回收81份，有效样本77份，有效率95%。

④访谈数量：1名贵阳市教育局副局长，2名学校校长。

1. 学生样本基本情况

表7－1是学生样本总体的基本情况。样本中男女学生的比例呈现男少女多的状况，大概的男女比例是1∶2；平均年龄15岁；75.3%是汉族，另外还有24.7%是少数民族，这跟贵州是少数民族聚集区有关；93.2%为九年级学生，即毕业班学生；农民工子女占90.9%，当地学生仅占9.1%。

表7－1　学生样本基本状况

类　别	比　例	类　别	比　例
性别		问卷类型	
男	33.3%	农民工子女	90.9%
女	66.7%	当地学生	9.1%
平均年龄	15.0（岁）	所在年级	
民族		七年级	2.3%
汉族	75.3%	八年级	4.5%
少数民族	24.7%	九年级	93.2%

2. 教师样本基本情况

教师样本中女教师占75.8%，男教师比例偏少，占24.2%；平均年龄是30岁；在所调查的教师中，56.8%是班主任；平均教龄是10年。

表7－2　教师样本基本状况

类　别	比　例	类　别	比　例
性别		是否为班主任	
男	24.2%	是	56.8%
女	75.8%	否	43.2%
平均年龄	30（岁）	平均教龄	10（年）

3. 家长样本基本情况

在被调查的家长中，89.9%是学生的父亲或者母亲，10.1%是学生的亲属；93.7%是农民工子女家长。

表7－3　家长样本基本状况

类　别	比　例	类　别	比　例
与学生关系		问卷类型	
父亲或母亲	89.9%	农民工子女家长	93.7%
祖父母或外祖父母	0%	当地学生家长	6.3%
亲属	10.1%		

（二）研究结论

1. 60%以上的农民工子女已经在贵阳生活了5年以上

从图7－1可以清楚地看到，64.8%的农民工子女在初中以前就在贵阳市就读。从图7－2可以看出，61.7%的学生已经在贵阳生活了5年以上，21.0%的学生生活了3—5年，12.3%的学生生活了1—3年，生活不到1年的仅占5.0%。数据显示，34.7%的农民工子女就出生在贵阳，他们在这座城市学习、生活，事实上已经是这里的居民。

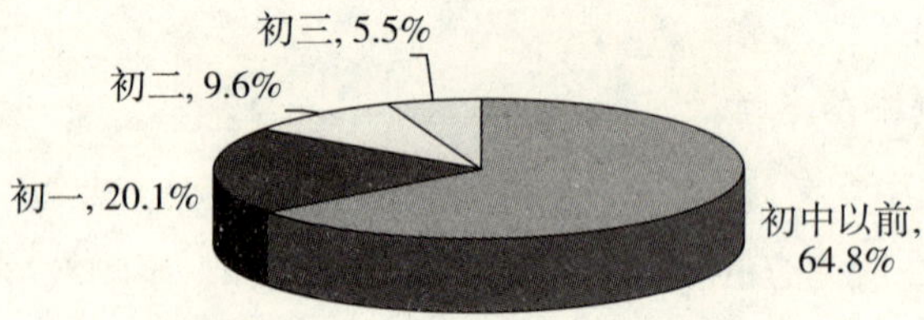

图7－1　农民工子女在贵阳市学习的时间

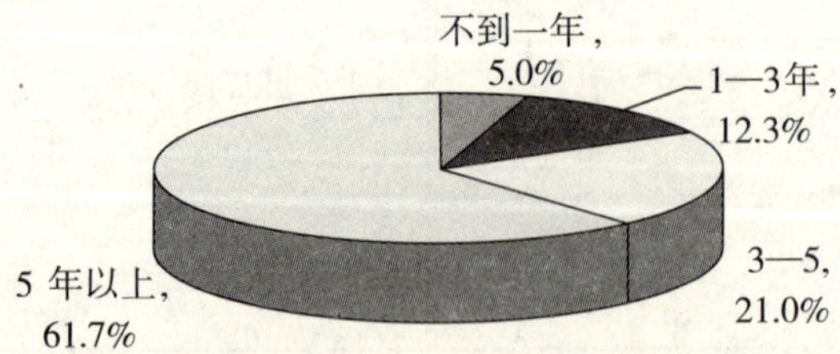

图7－2　农民工子女在贵阳市的居住时间

2. 农民工子女父母的文化程度低，从事的职业层次低

从图7－3可以看出，农民工子女父母的文化程度比较低，大部分父

母的受教育程度集中在小学、初中。图 7－4 显示，农民工子女父母从事的职业主要集中在小商贩、建筑工人、运输工人等技术含量低、主要以体力劳动为主的职业。

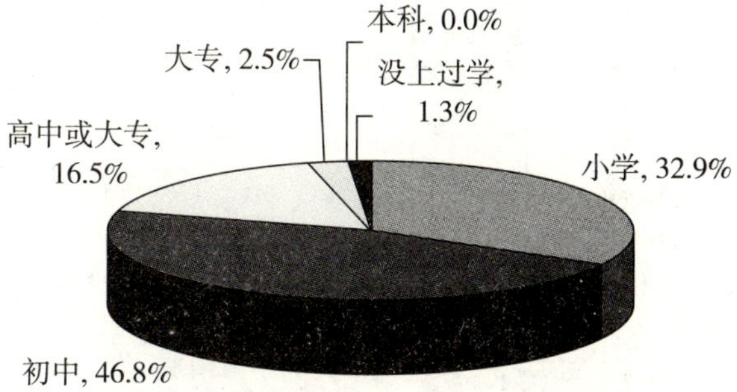

图 7－3　农民工子女父母的文化程度

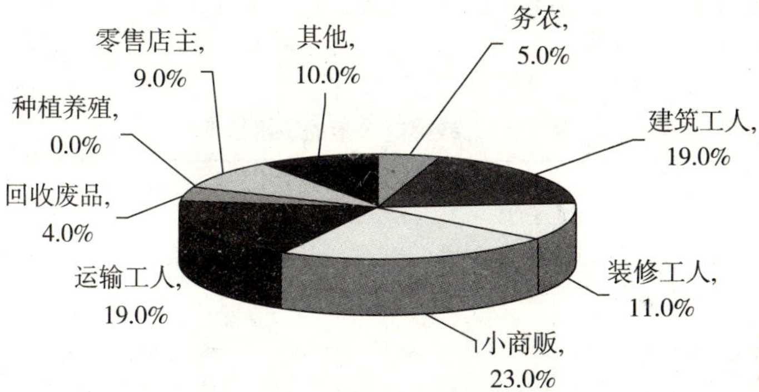

图 7－4　农民工子女父母所从事的职业

3. 学生和教师对农民工子女异地中考政策出台情况非常清楚，但是一半以上的家长对这一政策并不了解

（1）学生对政策的了解情况

学生对政策出台情况非常清楚，在被问及“所在城市是否允许农民工子女参加中考”，95. 0% 的学生知道贵阳市允许农民工子女中考政策，仅 5. 0% 的学生不知道，认为不允许。

（2）教师对政策的了解情况

一半以上的教师基本了解贵阳市农民工子女中考政策，56. 9% 的教师知道贵阳市已经出台了农民工子女中考政策，3. 2% 的教师认为没有出台，

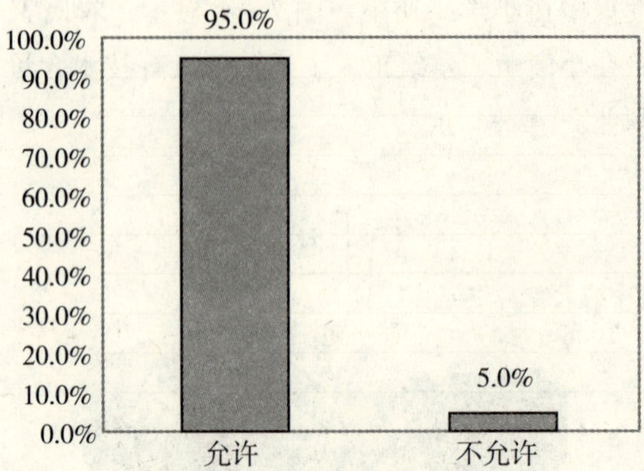

图 7－5　学生对政策的了解情况

39.9%的教师至今还不清楚这一政策。其中，能够准确回答政策出台时间的教师仅占 21.1%。知道所在学校已经实施了该项中考政策的教师占67.4%。

表 7－4　教师对政策的了解情况

类　别	比　例	类　别	比　例
所在市是否出台农民工子女中考政策		学校是否实施政策	
出台了	56.9%	是	67.4%
没出台	3.2%	否	3.2%
不清楚	39.9%	不清楚	29.4%
政策出台时间			
回答正确	21.1%		

（3）家长对政策的了解情况

从图 7－6、图 7－7 可以看出，高达 54.4%的农民工子女家长对贵阳市出台的这项中考政策并不知晓，甚至有 6.3%的家长认为政策没有出台。其中，知道这一政策的家长主要是通过学校这一渠道了解到的，这个比例是51.9%，另外还有一部分家长是通过电视（21.4%）和报纸（13.8%）了解到这一政策的。

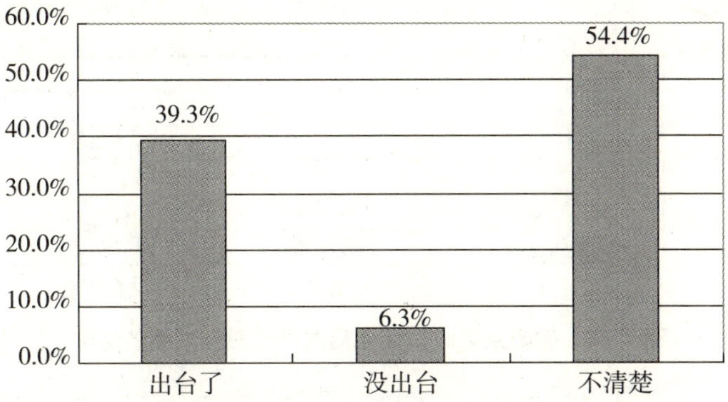

图 7－6　家长认为所在市是否出台农民工子女异地中考政策

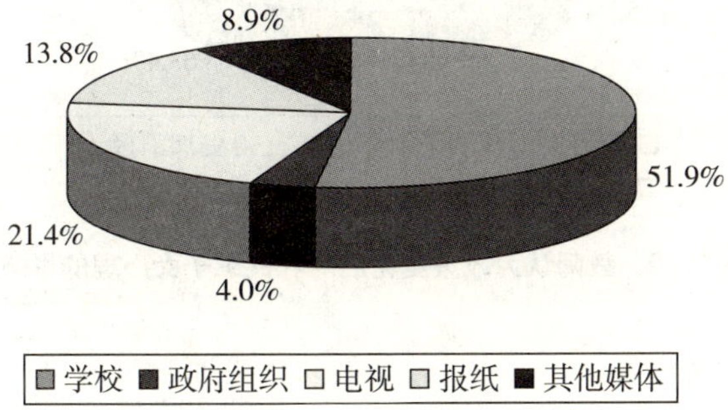

图 7－7　家长了解政策的渠道

4. 政策施行效果

（1）一半以上的教师认为政策变化后学生的总体成绩呈上升趋势

从图 7－8 可以看出，57. 9% 的教师认为允许农民工子女异地参加中考的政策出台后，学生的总体成绩呈现上升趋势。这说明这一政策的出台调动了学生学习的积极性。

（2）近 70% 的教师认为政策变化后对农民工子女心理有积极影响

农民工子女异地中考政策出台之后，有 68. 4% 的教师认为这一政策使得学生变得更加开朗了。

（3）政策实施后，对农民工子女毕业后选择也有较大的影响

政策实施后，选择在流入地就读高中的比例为 46. 1%，明显高于选择回到家乡参加中考继续读高中的 21. 5% 这一比例。与此同时，选择在本市就读职业学校的比例为 13. 7%，选择直接就业或其他出路的比例

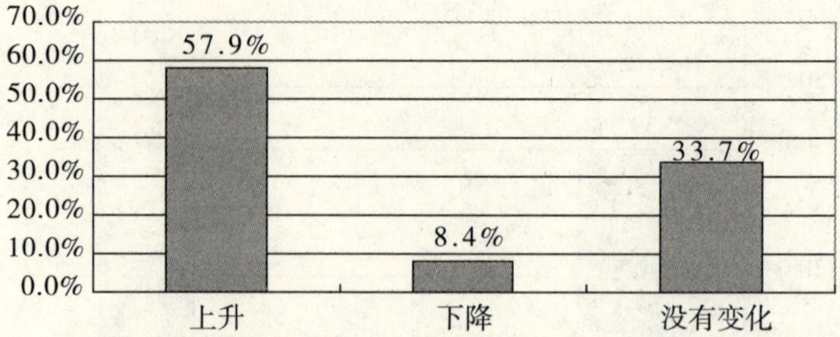

图 7－8　教师认为政策变化后对学生总体成绩的影响

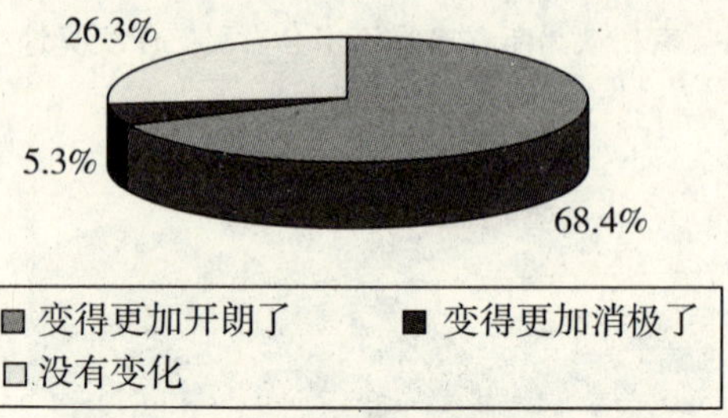

图 7－9　教师认为政策变化后对农民工子女心理的影响

为 18.7%。

表 7－5　政策变化后对农民工子女毕业后选择的影响

类　别	比　例
政策变化后对毕业后出路的选择	
回到家乡参加中考继续读高中	21.5%
在当地就读高中并交纳赞助费	46.1%
在本市就读职业学校	13.7%
直接就业或其他	18.7%

（4）近一半的教师认为政策变化对当地学生心理方面多为积极影响

从表 7－6 可以看出，有 47.3% 的教师认为这一政策变化使当地学生的压力增加了，学习更加努力了；有 45.3% 的教师认为这一政策对当地学生的心理没有影响；仅有 1.1% 的教师认为当地学生很排斥这项政策。

表 7－6　教师认为政策变化对当地学生心理方面的影响

类　　别	比　　例
教师认为政策变化对当地学生心理方面的影响	
压力更大了，学习更努力了	47.3%
很排斥这项政策	1.1%
没什么影响	45.3%
其他	6.3%

（5）80%的当地学生表示愿意农民工子女在本地参加中考

高达82.4%的当地学生愿意农民工子女在本地参加中考，并且有79.3%的当地学生认为从农民工子女身上学到了很多优秀的品质；仅有11.8%的当地学生不愿意农民工子女在本地参加中考，有34.5%的当地学生认为农民工子女在这里读书使他们的高中更加难考了，有21.1%的当地学生认为农民工子女在这里读高中使学校更加拥挤了。

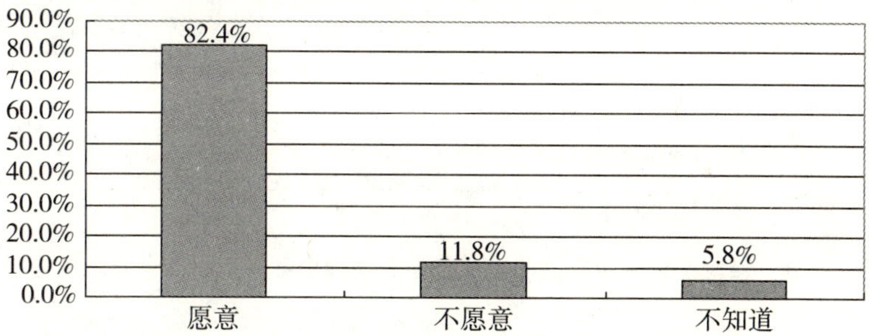

图 7－10　当地学生是否愿意农民工子女在本地参加中考

表 7－7　当地学生对农民工子女异地中考政策的态度

类　　别	比　　例
政策变化对当地学生的影响（多选）	
没有影响，农民工子女应该在这里读高中	67.6%
农民工子女在这里读高中使我们的高中更加难考了	34.5%

续表

类 别	比 例
农民工子女有很多优秀的品质值得学习，我们学到了很多	79.3%
农民工子女在这里读高中使学校更加拥挤了	21.1%

（6）80%多的当地家长认为农民工子女在本市参加中考对自己孩子心理没有影响

从图7－11可以看出，有83.3%的当地学生家长认为农民工子女在当地参加中考对自己孩子的心理并没有影响。

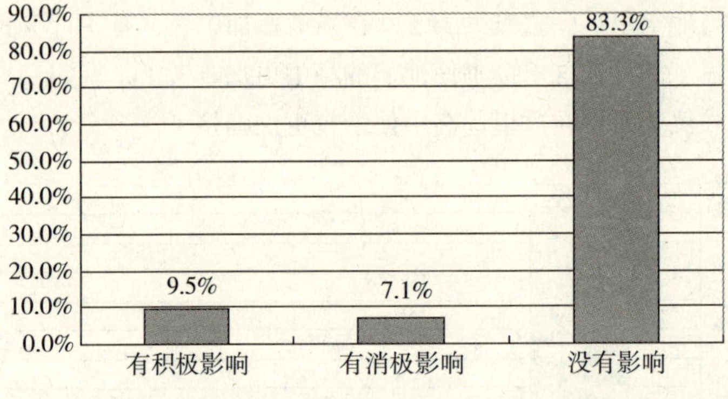

图7－11 当地家长认为农民工子女在本市参加中考对自己孩子心理的影响

三、贵阳市农民工子女异地中考政策的影响与对策建议

（一）贵阳市农民工子女异地中考政策的影响

1. 积极影响

贵阳市农民工子女异地中考政策的实施，其积极影响主要体现在以下五个方面。

①极大地提高了农民工子女的学习热情，调动了他们学习的积极性和主动性，原因是农民工子女异地中考政策的实施，使他们对自己的学习目

标和发展前途有了更加清晰明了的认识。

②这一政策的实施使农民工子女同当地学生一样享受教育，使他们在心理上增加了自信，摆脱了自卑心理，从而使他们变得更加积极乐观。

③更加有利于教师的教学工作，使他们的教学工作更加有序、更加有针对性，也提高了教师的工作热情。原因是这一政策的实施使得学生学习更加努力，这样教师也乐意教。同时，学生的流动性减少，从而减少了一些学生管理上的工作负担，使教师能有更多的时间和精力投入到教学中去。

④提高了农民工子女家长对教育的重视。一方面这一政策的实施使得自己的子女能够留在自己的身边继续读书，不必再分离；另一方面这一政策的实施为自己的子女在教育和前途上找到出路，从而能够享受更好的教育，继而能够有一个更好的发展前途。

⑤体现了教育公平，有利于城市的发展和社会的稳定。这一政策的实施给予农民工子女享受高中教育的机会，使得农民工子女能够学习更多的知识和技能，以后成长为高素质人才，为城市发展提供必需的人才储备。同时，减少了初中毕业后直接就业的比例，可以减少这部分人由于一时找不到合适的职业而产生其它社会问题，这样就更加有利于社会的稳定与和谐发展。

2. 消极影响

贵阳市农民工子女异地中考政策的实施，其消极影响主要体现在以下三个方面。

①加重了流入地学校管理上的责任和负担，给教师的教学工作带来了很多的困扰。首先，农民工子女异地中考政策的实施，又使得大量的农民工子女流入城市，这些农民工子女的父母由于工作性质和文化水平的限制，使得这些农民工子女的家庭教育缺失，这些责任在不知不觉中被推给了学校，这样就加重了学校的负担。其次，农民工子女异地中考政策的实施，使得“择校”问题在农民工子女中重新抬头，农民工子女学习成绩的好坏在一定程度上助长了“择校热”。同时，流动人口的流动性经常导致大量学习基础参差不齐的农民工子女进入校园，教师的教学对象经常处于变化和不稳定状态，这些都给接纳农民工子女学校的教学工作带来了很多困难。

②挤占了当地学生的教育资源，使城市教育资源更加不足。这一政策的实施，又促使更多的农民工子女涌入城市，造成班额偏大，班级数增多，师资严重缺乏，而且使本来就不足的教学用地、教学设施和设备更加捉襟见肘。

③农村教育资源闲置，农村教育投入更加减少，使得城乡教育发展水平的差距进一步拉大。随着更多的学龄儿童跟随父母流入城市，农村的中小学很多因为招不到学生而被迫关闭，这样进一步拉大了城乡教育水平的差距。

3. 政策本身存在的缺陷

虽然农民工子女异地中考政策已经实施了，但是农民工子女想升入重点高中必须要交纳高额的赞助费，而这些农民工子女的家庭条件担负不起这样高额的费用，这样就使一部分爱学习、品学兼优的学生被挡在了重点高中的大门外，高额的费用甚至还可能使他们的学习生涯就此中断。

另外，这一政策的实施使得农民工子女异地中考变成了现实，但是读完三年高中之后，他们又面临着高考的问题，异地高考这一政策还没有实施，所以即使农民工子女在本地读高中，但是高考还得回原籍。

由于以上两个方面的原因，使得这一政策无法从根本上解决农民工子女的教育问题。

（二）完善贵阳市农民工子女异地中考政策的对策建议

1. 加大政府对职业高中的投资力度，进一步完善中职教育

农民工子女中考升学的一个非常重要的出口就是升入职业高中，但是这些职业高中很多是民办的，它们在师资、教学设施和其他教学条件上存在很多的问题，当地政府可以加大对职业高中的投资，使职业高中的教育教学水平得到提高，从而使农民工子女在职业高中学得一技之长，为以后升入职业大学做好准备，并最终成长为社会所需要的专业素质人才。

具体措施是：通过当地政府相关部门的实地调研，认定委托一批有自己办学特色、取得一定教学成绩并在当地群众中有较好口碑的职业高中承担农民工子女职业教育任务，加大对该类职业学校的财政投资力度，帮助他们改善办学条件，并加强对其教职工的培训，帮助它们培养合格师资。

同时，在办学思想、教学设施、师资队伍、教学质量、财务管理方面提出明确要求，统一管理、评估和奖惩，支持学校提高办学水平。

2. 逐渐取消农民工子女就读重点高中所交纳的赞助费

重点高中在“中招”过程中，可以提高入学学生成绩等方面的门槛，对于那些成绩突出、品学兼优的优秀农民工子女给予免费入读重点高中的机会。

3. 出台并完善农民工子女异地高考政策

使农民工子女不仅能够异地中考，更能够异地高考，彻底解决农民工子女的教育问题，同时这也是农民工子女异地中考政策的一个最重要的完善。

第八章

兰州市农民工子女异地中考政策调研

一、政策现状

近年来，因为户籍问题致使农民工子女无法在流入地参加中考的矛盾已越来越突出。在党和国家相关政策的支持下，各大城市的农民工学校和城市公立学校接收了大量的外来务工人员子女，其在义务教育阶段的就学问题基本得到解决，但农民工子女随父母到城市就读后，因受户籍限制却不能在流入地参加中考，只得返乡就读。由于各地课程改革程度和教材存在较大差异，过去所学内容与原籍学校难以衔接，造成这些返乡农民工子女学业延误。

在这种背景下，甘肃省兰州市教育局依据来兰务工人员子女数逐年增加较快的趋势，按照国家教育政策的调整，从2006年开始进行了城区专题调研、数据分析，终于在2008年出台了《兰州市2008年高中阶段学校招生考试工作实施方案》，该文件明确规定："一些户籍在本市农村，但随着打工父母在城市读书的初中生也可以报考"，"在城市四区有暂住证的本市初中应届生可报考城市四区普通高中"，"报考职业学校和民办高中的考生不受户籍限制"。具体的报考条件要求很宽松，只需要提供暂住证、应届毕业生证明并指定要求报考的学校。

二、研究结论及相关分析

（一）样本概况

本次调研的三所学校分别是兰州市46中、兰州市新亚中学、兰州市杨家桥中学。兰州市46中为兰州市城关区的公办初中，在校生539人；兰州市新亚中学是兰州市城关区的民办学校，在校生1300余人，是兰州市第一所被政府命名为"市级示范性学校"的民办学校；兰州市杨家桥中学位于兰州市七里河区，在校生1194人，是兰州市的一所公办中学。

调研内容为当地关于农民工子女中考政策出台的情况、执行情况、农民工子女实际参与实施情况，学校校长、教师及学生家长对政策实施情况的反映。

每所学校以班级为单位选择两个三年级班进行调研，每校选取学生100人，教师50人，家长50人。问卷回收及访谈情况如下。

①学生问卷：发放300份，回收率100%。有效样本268份，有效率89.3%。其中有效农民工子女140份，比例为52.2%。

②家长问卷：发放150份，回收率100%。有效样本135份，有效率90%。其中农民工子女家长51份，比例为37.8%。

③教师问卷：发放150份，回收率100%。有效样本107份，有效率71.3%。

④访谈数量：1名兰州市教育局局长。

1. 学生样本基本情况

表8-1是学生总体的基本情况。样本中男女学生比例接近1∶1。学生平均年龄15岁，95.7%为汉族，84.2%为九年级毕业班学生。农民工子女占52.2%，当地学生占47.8%。

表8-1　学生样本基本状况

类　别	比　例	类　别	比　例
性别		问卷类型	
男	50.6%	农民工子女	52.2%
女	49.4%	当地学生	47.8%
平均年龄	15.0（岁）	所在年级	
民族		七年级	0%
汉族	95.7%	八年级	15.8%
少数民族	4.3%	九年级	84.2%

2. 教师样本基本情况

教师样本中女教师占57.3%，男教师占42.7%；48.6%为班主任，平均年龄37岁；平均教龄15年。

表 8－2　教师样本基本状况

类　别	比　例	类　别	比　例
性别		是否为班主任	
男	42.7%	是	48.6%
女	57.3%	否	51.4%
平均年龄	37（岁）	平均教龄	15（年）

3. 家长样本基本情况

在被调查的家长中，94.1% 为学生的父亲或母亲，0.7% 为亲属，3.0% 为祖父母或外祖父母，37.8% 为农民工子女家长，62.2% 为当地学生家长。

表 8－3　家长样本基本状况

类　别	比　例	类　别	比　例
与学生关系		问卷类型	
父亲或母亲	94.1%	农民工子女家长	37.8%
祖父母或外祖父母	3.0%	当地学生家长	62.2%
亲属	0.7%		
其他	2.2%		

（二）研究结论

1. 省内流动与省际流动比例相差不大

在对农民工子女的调查中发现：户口所在地为本省其他市、县农村户口的占 45.2%，本市户口占 22.2%，外省户口仅占 32.6%。省内流动与省际流动的比例相差不大。

2. 农民工子女已经成为兰州市的事实居民

数据显示，69.1% 的农民工子女初中以前就在兰州市就读。从农民工子女在兰州市居住的时间看，61.2% 的农民工子女已经居住了 5 年以上，13.4% 已经居住了 3—5 年，17.2% 生活了 1—3 年，居住不到一年的仅占

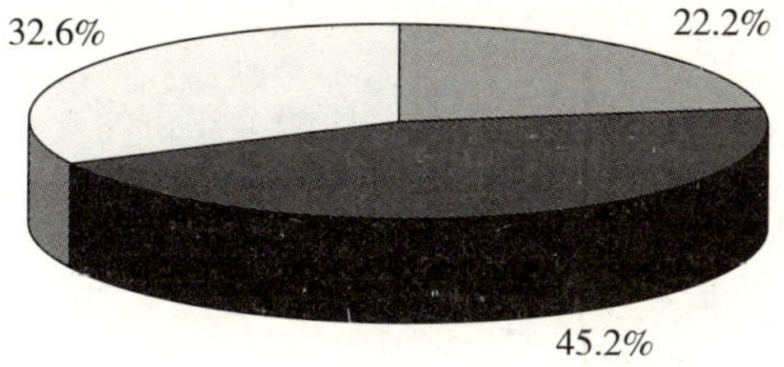

图 8－1　农民工子女户口分布比例情况

8.2%。还有 22.1% 的学生出生在兰州，他们在这座城市学习、生活，事实上已经是这里的居民。

表 8－4　农民工子女生活状态

类　别	比　例	类　别	比　例
开始在本市就读时间		在本市居住的时间	
初中以前	69.1%	不到 1 年	8.2%
初一	12.5%	1—3 年	17.2%
初二	10.3%	3—5 年	13.4%
初三	8.1%	5 年以上	61.2%
是否在本地出生			
是	22.1%		
否	77.9%		

3. 农民工子女家长文化水平以初中为主

经统计，被调查的农民工子女家长文化水平普遍不高。其中没上过学的占 12%，小学学历的占 18%，初中学历的占 50%，高中或中专学历的占 20%，高中以上学历的家长人数为 0。可见，农民工子女家长的文化水平以初中为主，文化程度偏低。

4. 政策宣传不够

在问及对农民工子女中考政策的相关问题时，大部分学生对政策了解情况良好，而教师对政策的了解情况不容乐观，尤其是对农民工子女毕业

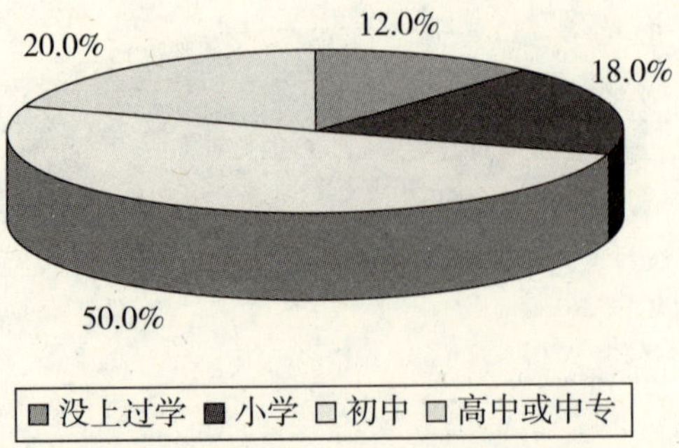

图8－2　农民工子女家长受教育程度

出路有发言权的家长，有相当一部分不知道政策的施行，这影响了政策执行的效果。另有数据显示，与政府组织、电视、报纸及其他媒体相比，学校是农民工子女家长了解政策的主要渠道。这说明政府的政策宣传还不够，尤其是对于这些低学历的流动人群应采取更加灵活多样的宣传。

（1）学生对政策的了解情况

学生对政策出台情况比较清楚，80.7%的学生知道兰州市农民工子女中考政策，19.3%的学生不知道，认为不允许。

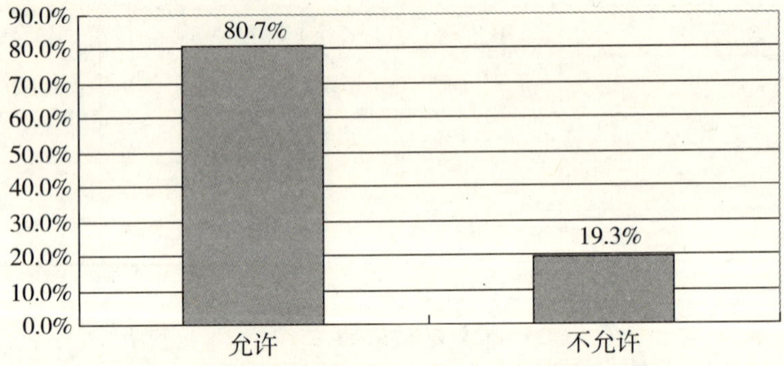

图8－3　所在城市是否允许农民工子女参加中考

（2）教师对政策的了解情况

教师对兰州市农民工子女中考政策的了解情况不容乐观，仅有41.3%的教师了解兰州市农民工子女中考政策，25%的教师认为没有出台，33.7%的教师回答不清楚。其中，能够正确回答政策出台时间的教师占30%，知道所在学校已经实施了该项中考政策的教师占41.3%。

表 8-5　教师对政策的了解情况

类　别	比　例	类　别	比　例
所在市是否出台农民工子女中考政策		学校是否实施政策	
出台了	41.3%	是	41.3%
没出台	25%	否	22.1%
不清楚	33.7%	不清楚	36.5%
政策出台时间			
回答正确	30%		

（3）家长对政策的了解情况

家长对政策的了解情况较差，仅有 27.1% 的家长知道兰州市出台了这项中考政策，58.3% 的家长表示不清楚，14.6% 的家长甚至认为政策没有出台。

表 8-6　家长对政策的了解情况

类　别	比　例	类　别	比　例
所在市是否出台农民工子女中考政策		政策了解渠道	
出台了	27.1%	学校	36.1%
没出台	14.6%	政府组织	2.8%
不清楚	58.3%	电视	25%
		报纸	16.7%
		其他媒体	19.4%

5. 政策施行效果

（1）政策变化对学生成绩的影响

43.1% 的教师认为允许中考后农民工子女学习成绩下降，31% 的教师认为允许中考后农民工子女学习成绩没有变化，仅有 25.9% 的教师认为允许中考后农民工子女学习成绩上升。可见，该政策的实施对农民工子女的学习成绩并无显著的正面影响，这一点在学生对自己成绩的描述中也得到验证。55.5%的农民工子女认为允许中考后自己的成绩没有变化，6.5%的农民工子女的学习成绩在允许中考后下降，仅有38%的农民工子女的成绩在允许中考政策出台后上升。

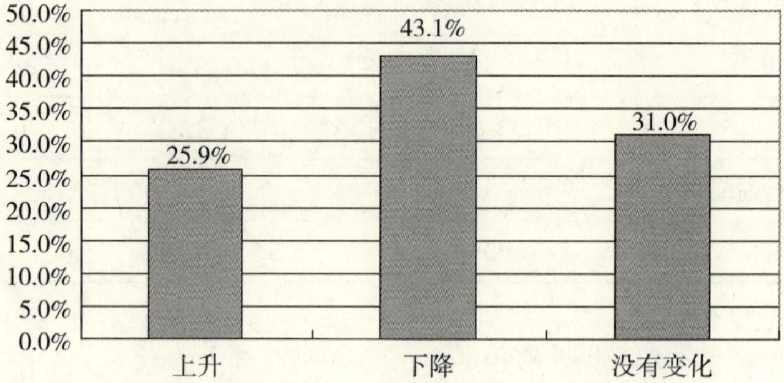

图8－4　教师认为政策变化对学生总体成绩的影响

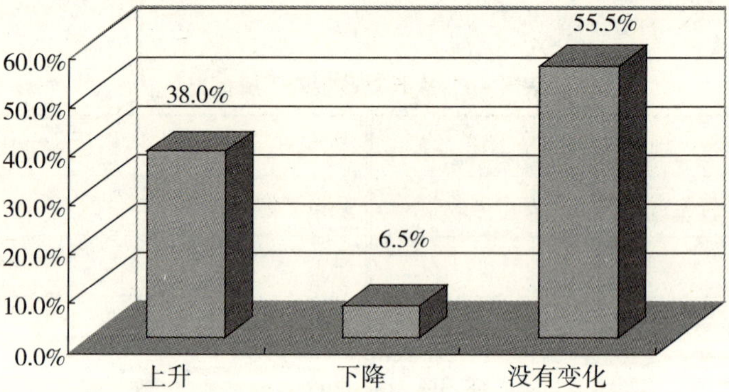

图8－5　学生自身认为政策变化对自己成绩的影响

（2）政策变化对农民工子女心理的影响

分析显示，61%的教师认为允许中考后农民工子女变得更加开朗了，28.8%的教师认为没有变化，仅有10.2%的教师认为变得更加消极了。这说明，政策的放开对学生心理的发展是有利的。

（3）政策变化对学生毕业后选择的影响

与中考政策实施前相比，政策实施后，选择回到家乡参加中考继续读高中的比例由60.0%迅速下降到9.0%，与之相对应的是，选择在当地就

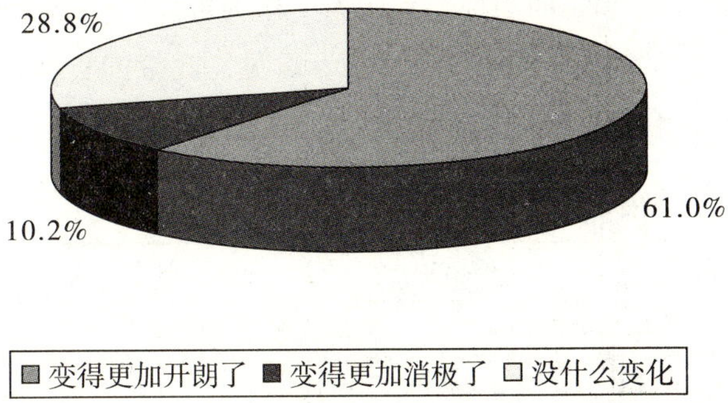

图 8－6　教师认为政策变化对农民工子女心理的影响

读高中并交纳赞助费的比例由 12.0% 上升到 70.3%。与此同时，选择在本市就读职业学校的比例则基本保持稳定，由 12.0% 下降到 11.7%。而回家乡参加中考并就读职业学校的农民工子女的比例则由 12.0% 下降到 8.1%。这说明，政策的放开对学生毕业后的选择具有较大的影响。实施了这一政策后，农民工子女回家乡参加中考读高中与留在城市接受高中阶段教育的这两种意愿呈现出“此消彼长”的局面。

表 8－7　政策变化对学生毕业后选择的影响

类　别	比　例	类　别	比　例
政策实施前毕业出路选择		政策实施后毕业出路选择	
选择回到家乡参加中考继续读高中	60.0%	选择回到家乡参加中考继续读高中	9.0%
在当地就读高中并交纳赞助费	12.0%	在当地就读高中并交纳赞助费	70.3%
在本市就读职业学校	12.0%	在本市就读职业学校	11.7%
回家乡参加中考，并就读职业学校	12.0%	回家乡参加中考，并就读职业学校	8.1%
直接就业	4.0%	直接就业	0.9%

（4）政策变化对当地学生的影响

从表 8－8 可以看出，41.8% 的当地学生认为政策变化对他们的心理

“没什么影响”，有40%的当地学生认为“压力更大了，学习更努力”，而表示“很排斥这项政策”的仅占9.1%。可见，政策的实施并没有对当地学生产生负面影响，反而对他们的学习起到了促进作用。

表8－8　政策变化后当地学生对政策的态度

类别	比例	类别	比例
政策变化对当地学生心理的影响		是否愿意外来同学在本地参加中考	
压力更大了，学习更努力	4.0%	愿意	75.0%
很排斥这项政策	9.1%	不愿意	15.0%
没什么影响	41.8%	不知道	10%
其他	9.1%		
外来同学在本地中考对你的影响（多选）			
没有影响，进城务工人员子女应该在这里读高中	55.0%	进城务工人员子女有很多优秀的品质值得学习，我们学到了很多	40%
进城务工人员子女应该在这里读高中，使高中更加难考了	25.0%	进城务工人员子女应该在这里读高中，使学校更加拥挤了	20%

问及“外来同学在本地中考对你的影响”时，当地学生表示“没有影响，进城务工人员子女应该在这里读高中”的占55%，“进城务工人员子女应该在这里读高中，使高中更加难考了”的占25%，“进城务工人员子女有很多优秀的品质值得学习，我们学到了很多”的占40%，“进城务工人员子女应该在这里读高中，使学校更加拥挤了”的占20%。可见，当地学生对政策的认同度比较高，当地学生对外来同学在本地参加高考的态度也证明了这一点，高达75%的当地学生持愿意态度。

（5）农民工子女家长对职业学校的看法

超过半数的学生家长不愿意让孩子上职业学校，而愿意让孩子上高中考大学。在进入职业学校存在的困难的选择上，“学费高，难以承受”成为家长考虑的主要因素。可见，职业学校这个出口对兰州市农民工子女的吸引力并不大。

表 8－9 农民工子女家长对职业学校的看法

类 别	比 例	类 别	比 例
愿意让孩子在当地上职业学校吗		进入当地职业学校存在的困难（多选）	
非常愿意	15.2%	政策不允许	23.3%
没有其他上学的道路只好上职业学校	17.4%	学费高，难以承受	44.2%
不愿意，还是想让孩子上高中考大学	52.2%	不知道如何办理入学手续	30.2%
无所谓，看孩子的兴趣	15.2%	其他原因	26.2%

（6）当地学生家长对政策影响的看法

数据显示，72.6% 的当地学生家长认为农民工子女在本市参加中考对当地学生没有影响，9.6% 的当地学生家长认为有积极影响。可见，当地学生家长并不认为异地中考政策会对当地学生带来很大冲击。

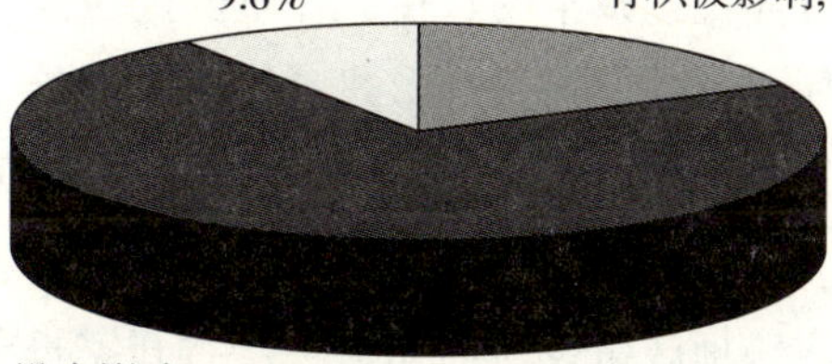

图 8－7 当地家长认为农民工子女在本市参加中考对当地学生的心理影响

（7）招生人数基本没有变化

根据当地教育有关领导提供的数据，政策实施后，初中学生的招生人数并无显著变化。

三、结论与建议

（一）结论

通过以上的研究和分析，可以对兰州市农民工子女异地中考政策作出如下结论。

首先，政策宣传力度有待进一步加强。作为政策实施的对象，仍有部分学生认为自己不能参加当地的中考；超过半数的教师对此项政策不清楚或认为没有出台；仅有约1/4的家长知道该项政策已经出台。可见，该项政策的宣传力度有待进一步加强。

其次，政策对农民工子女心理的正面影响超过对其学习成绩的影响。该项政策对农民工子女的学习成绩并无显著的正面影响，而对其心理的发展起了明显的积极作用。

再次，政策的实施具有一定的效果。该项政策的实施对当地学生产生了一定的正面促进作用，对农民工子女毕业后去向选择的影响也较大。

（二）建议

1. 通过各种渠道，加大政策宣传力度

根据调查，对该政策的了解渠道以学校为主。因此，各初级中学应成为宣传该政策的主要渠道。对该政策的了解情况，与农民工子女的人生选择有很大的关系，学校应把该政策的宣传放在重要的位置。在校内以学生大会、教师大会、广播、班内黑板报等形式对该项政策给予详细说明。统计每个农民工子女计划的毕业去向，同时告知学生该项政策，使每个学生都了解该项政策。建立家长与学校的联系机制，通过信件、手机、固定电话、电子邮件等形式将该项政策及时通知家长，召开家长会及中考政策咨询会，向农民工子女家长了解其对子女毕业去向的考虑，同时向他们说明政策的详情，确保每个农民工子女的家长都了解该项政策。同时，通过报纸、电视、广播等媒介对该项政策进行报道，并在学校和公共场所公开发送和播放，使社会各界人士都清楚地了解该项政策，提高对异地中考政策的认同度。

另外，还要对该政策的实施情况进行连续的跟踪报道，使农民工子女及其家长都能及时地了解政策动态。

2. 帮助农民工子女及其家长端正心态

在对毕业去向的选择上，学校教师要对随迁学生及其家长做认真的思想工作。帮助他们根据自身的实际情况，作出适合孩子发展的决定，毕竟

毕业的去向选择关系孩子的一生，不能因为攀比等心态盲目地选择上高中。

3. 改革中职教育

掌握一门实用的技术是很多农民工家长对子女的期望，而进入中职学校是很好的选择。但是根据调查，仅有少部分家长愿意让自己的子女进入职业学校，其主要原因是家长担心中职学校的学费高、政策不允许以及办理入学手续繁杂困难。基于此种情况，中职学校首先要加强对自身的宣传，利用各种途径使农民工子女及其家长了解到自己可以招收农民工子女，并且手续很简单。其次，根据国家适当减免中职学校学生学费的相关政策，可以对农民工子女给予必要的倾斜。再次，改革中职学校课程，根据就业市场的需要，设置实用性较强的专业供农民工子女选择。

4. 加强经验交流

目前国内已经有很多省市出台了允许农民工子女异地中考的政策，并在实践中进行了探索。因此，召开农民工子女异地中考政策的经验交流会，交流各地在实践中的经验和教训，对于政策的完善必将很有用处。

第九章

农民工子女异地中考政策问题的原因分析

一、教育资源配置体制不合理

二、户籍制度的“门槛”成为异地中考的主要障碍

三、高考制度未与异地中考政策形成协同配套

四、以升学率为标准的教育考核制度影响了城市对农民工子女的接纳

五、新一轮的“课改”影响了异地中考政策的实施

随着“普及高中阶段教育”这一目标在《教育规划纲要》中的确立，建立与新一轮国家基础教育课程改革要求相适应的初中毕业与高中招生制度成为教育改革亟需解决的任务。同时，为贯彻响应2002年《教育部关于积极推进中小学评价与考试制度改革的通知》的要求，有必要结合当前我国初中毕业升学考试与高中招生制度的实践，总结各地区中考改革的经验和教训，以便为初中毕业与升学考试制度改革的深入进行提供建设性的建议。

但当前大部分地区的初中毕业和升学制度针对农民工子女的设计较少，致使这一庞大群体难以在城市参加中考，影响着“普及高中阶段教育”这一目标的实现。当前农民工子女难以在城市参加中考，不只是教育问题，更是社会问题；不只是个别大城市遇到的问题，更是我国社会转型过程中诸多城市面临的普遍问题。这一现象的广泛存在，与当前的教育资源配置体制、户籍制度、高考制度、教育评价体系等是密切相连的。对此，需要综合分析造成这一局面的种种因素，制定科学的对策，以推动异地中考政策的有效实施。

一、教育资源配置体制不合理

由于我国城乡之间、地区之间发展不平衡，城乡和地区之间的社会资源与福利安排存在巨大差异。从教育资源的角度看，高中阶段教育属于非义务教育，各地的高中阶段教育投入由本地财政解决，各个城市基本上只面向户籍人口考虑高中阶段的教育资源设置，这一制度安排形成了城乡分离、地区分割的局面，造成了高中阶段教育资源在城市的短缺和供求矛盾，使得农民工子女在城市难以分享城市发展成果。从深层原因上讲，教育投资结构、教育投资分担比例以及教育资源配置方式等方面都存在着诸多不合理的地方，导致了教育资源的配置不能达到最优化，资源运转效率低下。

（一）教育投资结构不合理，高中阶段教育经费水平相对偏低

与义务教育、高等教育相比，高中阶段教育经费水平相对偏低，尤其

是普通高中教育，其各项人均经费支出明显偏低。从2007年各级教育生均预算内教育事业费和生均预算内公用经费的情况看，普通高中上述两项教育经费的增长速度较之于普通初中来说水平偏低，增长速度偏慢。

表9－1　各级教育生均预算内教育事业费情况

单位：元

	普通小学	普通初中	普通高中	中等职业学校	普通高等学校
2007年	2207.0	2679.4	2648.5	3124.0	6546.0
2008年	2757.5	3543.3	3208.8	3811.3	7577.7
2009年	3357.9	4331.6	3757.6	4262.5	8542.3

资料来源：教育部、国家统计局、财政部《2008年全国教育经费执行情况统计公告》、《2009年全国教育经费执行情况统计公告》。

表9－2　各级教育生均预算内公用经费情况

单位：元

	普通小学	普通初中	普通高中	中等职业学校	普通高等学校
2007年	425.0	614.5	510.0	718.0	2596.8
2008年	616.3	936.4	698.3	911.7	3235.9
2009年	743.7	1162.0	831.6	1164.4	3802.5

资料来源：教育部、国家统计局、财政部《2008年全国教育经费执行情况统计公告》、《2009年全国教育经费执行情况统计公告》。

由于经济发展水平和国家财力的限制，政府对基础教育中的初中义务教育和高等教育的投入相对更高一些，而对与义务教育和高等教育相衔接的高中阶段教育，尤其是普通高中教育的投入则相对较低。这种教育投资结构比例失调的结果，在一定程度上使得普通高中教育成为制约我国教育发展的瓶颈，制约了高中阶段教育的普及。

（二）从经费来源看，未形成合理的政府和个人分担普通高中阶段教育成本的投资体制

农民工子女在城市接受教育，也占用了城市的教育资源，在教育经费投资分担体制不健全的情况下，城市高中阶段教育的大门难以向农民工子

女敞开。在我国实行的普通高中教育投资体制中，政府承担了普通高中教育投资的绝大部分，个人只承担了一小部分。普通高中教育作为非义务教育，政府不可能承担所有的责任与义务，需要作为高中阶段教育受益者的个人承担相应的教育投资。从目前来看，个人投资承担的比例相对较低。在政府投入有限的情况下，城市高中阶段的教育资源更加紧张，而农民工子女的到来，加剧了城市优质高中阶段教育资源的竞争，形成了高中阶段教育资源的供求矛盾。

作为对这种供求矛盾的一种解决措施，普通高中学校收取高额“择校费”，虽然在一定程度上弥补了公立学校教育经费的不足，但也造成低收入家庭子女由于经济上的劣势而导致的受教育机会不平等。在这种情况下，承担教育成本的教育投资体制不应单单指向农民工家庭，而应该从全社会的角度进行设计，让所有接受高中阶段教育的家庭作为承担相应投资的主体。

（三）从教育资源配置方式上看，市场机制配置方式未得到充分发挥

教育供求均衡是教育资源有效配置的标准之一，促进均衡的一个重要前提条件就是引入市场机制，通过市场来调节教育资源的供求关系，缓解供求之间的矛盾，最终使教育供求处于均衡状态。

目前，我国的普通高中教育资源配置仍然是沿用计划经济条件下的政府计划配置方式，政府通过对普通高中招生计划进行干预来实现教育资源在区域间的分配，并以户籍人口数量与分布作为配置教育资源的依据和标准。这种教育资源配置方式虽然一方面确保了教育资源能够迅速地满足大部分人口的教育需求，确保资源在短时间内满足社会需求，但另一方面由于它忽视了流动人口的教育需求，不能针对每一个群体作出最恰当的配置，造成了教育资源配置效率相对较低，加剧了普通高中教育资源的供求失衡。

二、户籍制度的“门槛”成为异地中考的主要障碍

自 1958 年《中华人民共和国户口登记条例》正式实施以来，户籍制

度的核心内容是把全国人口划分为城镇人口和农村人口，并在此基础上实行有差别的社会福利政策，也形成了教育福利的城乡与地区差异，并最终形成了以户籍为标准的中考与高考制度。

户籍制度的建立，适应了计划经济体制下教育事业发展的要求，在短时间内对促进我国教育事业发展做出了巨大的社会贡献，产生了不可低估的社会效益，满足了广大人民群众的教育需求。

但是，随着时代的变迁，现行的户籍制度已渐渐暴露出与经济、社会发展不相适应的诸多弊端。由于流动人口的大量存在，人口流动逐渐成为社会的一种常态现象，户籍制度的存在将农民工子女排斥在城市高中阶段教育的大门之外，剥夺了农民工子女在城市平等接受教育的权利，影响着国民素质的提高。

户籍制度的人口登记功能被异化，成为人口管理与社会资源分配的重要工具。户籍制度的基本功能是进行人口登记，但由于我国国情的特殊，户籍制度成为社会管理的一项工具，并被附加了教育、医疗、社保、居住等诸多社会福利功能。由于户籍制度的存在，诸多农民工被排斥在共享城市发展成果之外，阻碍了城乡统筹，加剧了社会分化。从对教育的影响来讲，以户籍登记地为标志组织中考报名直接将农民工子女排除在城市的高中阶段教育系统之外，直接影响了农民工子女在城市平等享有高中阶段受教育的权利。

三、高考制度未与异地中考政策形成协同配套

中考制度与高考制度，由于其各自衔接了两个前后相邻的学段，因此，两种考试制度之间具有高度的一贯性和相似性。与当前已经开始在部分城市“试水”异地中考的中考制度相比，高考制度则基本未能放开，依然按照户籍地组织报名。

1. 异地中考制度与高考制度缺乏一个衔接，须保持组织方式上的一致性

当前高考制度以户籍地组织报名，农民工子女即使在城市能够顺利接受高中阶段教育，但要参加高考的话，依据现有的高考制度，他们仍必须回到户籍所在地。这一规定削弱了异地中考政策的社会影响力，影响了异

地中考政策社会效益的最大化。

从某种程度上讲，两种考试制度应该相互配套，保持组织方式的一致性，才能使异地考试发挥出最佳的社会效益，即在实施异地中考政策的同时，还需有异地高考政策的配套。

2. 分省自主命题以及省际成绩相互认证困难，成为异地高考的重大障碍

高考分省自主独立命题权的获得有两种途径：一是沿袭过去的传统，由教育部行政部门确定实施命题的单位；二是通过下放高考命题权至部分省一级教育行政部门，使得部分地区获得命题权。上海（1987 年）、北京（2002 年）率先实行高考自主命题；2004 年 1 月，教育部要求天津、江苏、浙江、福建等 11 个省市按照全国统一考试大纲实行自主命题，2005 年在全国推广到 14 个省市，2006 年达到 16 个省市。截至 2010 年，自主命题省份达到 18 个省市。由于自主命题省份大多为人口较多的省份，覆盖了全国的大部分考生，其产生的社会影响相当大。

分省自主命题是考试权力逐渐从中央下放到地方的体现，对于推进各省中小学素质教育改革和发展起了重要作用，顺应了教育改革的大趋势。但是，这一方式未能充分考虑农民工子女这一庞大群体，且由于自主命题的各省份之间的高考内容不同，成绩缺乏可比性，相互之间无法认证，农民工子女的成绩难以在其他地区进行衡量，这就形成了异地高考的一个重大障碍。封堵“高考移民”势必会影响异地高考政策的实施，最终也会影响异地中考政策的实施效果，影响农民工子女在城市接受普通高中教育的积极性。

四、以升学率为标准的教育考核制度影响了城市对农民工子女的接纳

近年来，国家教育部门根据《中共中央、国务院关于深化教育改革全面推进素质教育的决定》和《国务院关于基础教育改革与发展的决定》精神，在初中毕业升学考试改革方面采取了一系列举措。但当前教育部门以升学率作为衡量教育质量的最主要指标的考核机制，影响了城市对农民工子女的接纳。

相对于城市居民，农民工属于弱势群体，其子女由于自身学习条件、家庭教育投资与城市青少年儿童存在着一定的差距，由此导致的部分农民工子女在学习成绩与综合素养上的差距使得这一群体在升学率上比城市青少年儿童的升学率要低。这就使得城市高中学校为了追求更高的升学率而限制农民工子女的进入，直接影响了城市普通高中学校对农民工子女的接纳程度。

同时，以中考成绩为唯一教育质量评价标准，异化了义务教育本质，助长了学校片面追求升学率，把本来以素质教育为核心的义务教育引向以应对中考为核心的升学教育误区，不利于教育公平。

五、新一轮的“课改”影响了异地中考政策的实施

课程改革是一个系统工程，涉及培养目标的变化、课程结构的调整、国家课程标准的制定、课程管理与实施、课程资源的开发、评价体系的建立和师资培训以及保障支撑系统等，是一项由课程改革牵动整个基础教育的全面改革。1999 年召开的第三次全国教育工作会议和 2001 年召开的全国基础教育工作会议先后提出了转变人才培养模式、建立新的基础教育课程体系的建设任务。2001 年，教育部正式启动新一轮基础教育课程改革，颁布了《基础教育课程改革纲要（试行）》等一系列政策文件，并于当年开始在全国 38 个县、区进行义务教育阶段课程改革国家级实验，分层推进，滚动发展。到 2008 年，全国初中已实行了一轮课程改革，部分地区则进行了 2 至 3 轮的课程改革。

作为此次改革内容之一，教材从原先的省统一确定转变为由市一级教育行政部门组织选用，由过去全国通用一套教材的“一纲一本”发展到现在的“一纲多本”。各种版本的教材其所体现的理念不尽相同，而且每一版本处理同一知识内容时的方式也不尽相同。教材版本的多样化，在给教学带来新的活力的同时，也给异地中考政策的设计提出了新的问题。

农民工子女由于其在流动过程中跨地区流动甚至跨省流动的特点而面临着教材不统一带来的诸多困境。以语文为例，当前国家审定通过的初中语文教材有十余种，除了在各地广泛使用的人教版（人民教育出版社出版）、苏教版（江苏教育出版社出版）、北师大版（北京师范大学出版社

出版）、语文版（语文出版社出版）教材之外，还有沪教版（上海教育出版社）、湘教版（湖南教育出版社）、冀教版（河北教育出版社）、鄂教版（湖北教育出版社）等教材。当学生因流动而更换教材时，他们的知识连贯性就容易受到影响。同时，在同一个年级使用不同版本的教材有可能影响不同学科间的知识衔接。例如，初二数学中涉及到密度这一知识点，但更换版本后的物理教材对此并未提及，这就影响了其他学科的教学，给学生的自主学习带来了障碍。而且，不同版本的教材对学生的各种要求和评价标准都有差异，容易忽略对学生成长过程的评价，无法全面反映农民工子女的动态成长过程。

表9－3　初中课程教材部分版本一览

科　目	版　本
语文	人教版
	人教实验版
	人教五四制版
	鲁教五四制版
	语文出版社版
	北师大版
	河大版
	苏教版
数学	人教版
	人教实验版（七年级）
	人教实验五四制版
	人教五四制版
	鲁教五四制版
	冀教版
	华东师大版
	北师大版

续表

科　　目	版　　本
英语	人教版
	人教五四制版
	鲁教五四制版
	人教版（汤姆森学习出版集团）
	湘教版
	外语教学与研究版
	冀教版
	仁爱版
科学	浙教版
历史	人教版
	北师大版
	川教版
	岳麓版
地理	人教版
	仁爱版
	湘教版
	鲁教版
	晋教版
	中图版
物理	人教版
	人教五四制版
	人教实验版（八年级）
	教育科学版
	北师大版
	上海科技版

续表

科　目	版　本
化学	人教版
	人教实验版（九年级）
	人教五四制版
	鲁教版五四制
	科学版（粤教版）
	鲁教版
	湘教版
	上海教育版
	仁爱版
政治	粤教版
	鲁教版

1. 新课改对学校针对农民工子女的“教”有一定的影响

新一轮的“课改”不仅仅是一种教材的变化，而且在课程目标、课程结构、课程内容、课程实施、课程评价以及课程管理等方面都有新的变化，这对传统的教育模式冲击很大，需要各个学校重新调整教学安排。由于农民工子女具有一定流动性，他们的学习基础、知识结构与城市孩子相比具有一定差异，学校的教学工作不得不面临着被动调整的情况，这影响了异地中考政策在更大范围的推广与实施。

2. 新课改对农民工子女学生的“学”有一定的影响

新“课改”把高中课程分为多个学习领域，让学生每学年在每个学习领域都获得一定学分，这对学生的学习方式和学习能力都提出了挑战。具体到农民工子女，如果他们无法在城市接受高中阶段教育，回到户籍地后则要面对另外一种新鲜的课程设置，能否适应这种课程变化将最终影响着他们的学业表现。

3. 新课改对农民工子女家长的“选择”有一定的影响

新“课改”的实施改变了以往的教育理念与教育模式，对传统的家庭教育也提出了新的挑战。农民工家长在新“课改”实施过程中对孩子的学业表现容易作出不同的反应，尤其是在高考作为最终衡量标准的前提下，家长是否关注孩子在新“课改”后的表现，将直接影响着其是否安排子女留在城市读书。

因此，当前各地实施新的“课改”后，各个地区的教材差异较大，对学校、学生以及学生家长均产生了较大影响。如何通过教材实现对农民工子女以人为本的人文关怀，有效地培养农民工子女的科学探究能力、科学态度、科学精神以及人文精神，成为当前新基础教育课程改革必须解决的问题。

第十章

允许异地中考地区农民工子女升学意愿的影响因素分析

农民工子女在流入地的升学意愿作为一种心理状态，不仅受个人特征因素的影响，而且受家庭特征因素和社会外部力量的影响，是异地中考政策设计与调整的重要依据。

部分地区在允许农民工子女参加流入地异地中考方面进行了积极探索，出台了各种或简略或详细的政策规定，这为农民工子女在城市接受高中阶段教育创造了条件。但是，相当多地区的相关政策规定在设计过程中存在着简单化的现象，所出台的异地中考政策针对性相对较弱，大多未对影响农民工子女初中毕业升学意愿的主要因素进行系统分析，这在一定程度上影响了异地中考政策的实施效果。

如何认识这些地区农民工子女继续升学的意愿状况？影响其升学意愿的因素主要有哪些？如何根据这些影响因素进行有针对性的政策调整？这些问题在很大程度上将影响着各流入地城市流动人口的未来形势，影响着对各地异地中考政策实施效果的判断，并直接影响着相关决策部门对教育政策和流动人口政策的制定。深入分析农民工子女的初中毕业升学意愿，有助于为异地中考政策的设计与调整提供支持，为完善异地中考政策提供有针对性的建议。

由于北京市尚未允许农民工子女在北京市进行中考，故此处以“5城市农民工子女异地中考政策调查”中石家庄、合肥、贵阳、兰州4个城市的相关调查数据进行分析。

一、允许异地中考地区农民工子女的升学意愿

从4个城市的调查结果来看，近9成的农民工子女打算参加异地中考。

表10-1　允许异地中考地区农民工子女的升学意愿

未来出路打算		比　例	
不参加异地中考	回家乡参加中考读高中	6.8%	12.2%
	回家乡参加中考，就读职业学校	2.2%	
	直接就业	3.2%	
参加异地中考	在流入地读高中	74.6%	87.8%
	在流入地就读职业学校	13.2%	

在打算参加异地中考的农民工子女中，希望在流入地读高中的占74.6%，在流入地就读职业学校的占13.2%。从整体上看，农民工子女的异地中考意愿较为强烈，打算参加异地中考的比例高达87.8%，远远高于不打算参加异地中考的12.2%这一比例。

二、农民工子女的初中毕业升学意愿的影响因素分析

农民工子女初中毕业升学的意愿是建立在个性发展特质及个人认知水平基础上的倾向性表达，但作为经济、人格尚未完全独立的初中生，其意愿并非纯粹的个人行为，其家庭特征也成为影响学生升学意愿的重要因素。同时，社会外在力量也成为影响农民工子女初中毕业升学意愿更广层面上的宏观性因素。

1. 变量的选取与处理

(1) 因变量的选取与处理

由于本研究重点关注农民工子女在流入地参加异地中考的意愿情况，无论其打算在城市参加中考并在高中就读，还是打算在城市参加中考并就读城市职业学校，都是在流入地参加异地中考的具体表现形式。因此，是否打算参加流入地的异地中考作为因变量，是一个二分类变量，取值为"1"代表打算在流入地参加异地中考，取值为"0"代表不打算在流入地参加异地中考。

(2) 自变量的选取与处理

综合来看，农民工子女初中毕业后的升学意愿，主要是个人因素、家庭因素以及社会因素综合作用的结果，自变量的选择也应主要集中在这三方面进行选取。具体来说，民族、年龄、性别、学习成绩的提高情况、流入时间长度等个人特征，父母的职业地位、流动家庭结构等家庭特征以及流动地域跨度等社会特征，都可能会成为影响到农民工子女初中毕业后升学意愿的自变量。

①个人特征变量：包括民族、性别、年龄、年级、学习成绩的提高情况、流入时间长度等。

民族。不同民族的风俗文化与民族心理可能会对农民工子女是否参加

异地中考的意愿具有不同的影响。

性别。由于社会角色的差异，不同的性别在自我发展方面具有不同的观念，或者其承载的家庭希望也各有差异，由此可能会造成其异地中考意愿也有不同的表现。

年龄。年龄通常代表着不同的生活经历，也在一定程度上代表着不同的认知水平，同一年级不同的年龄或年龄段，对于初中毕业升学的意愿可能也会有不同的影响。

年级。年级与年龄一样，代表着不同的生活经历，也在一定程度上代表着不同的认知水平，且作为分类变量更容易处理。

学习成绩的提高情况。农民工子女近期的学习成绩提高情况是一个动态的指标。当学习成绩提高时，学生可以通过这一外在激励形成内在激励，提升其升学信心，使其在学习上有更高的追求，升学意愿也会更强烈。在对该变量进行分类处理时，将学习成绩的提高情况分为三类：有提高、无变化、有下降。

流入时间。农民工子女在流入地的流入时间长度在一定程度上蕴涵了农民工子女对流入地的融入程度信息，影响着其是否在流入地参加中考的决定。在对该变量进行分类处理时，将流入时间长度分为四类：不到 1 年、1—3 年、3—5 年、5 年以上。

在具体处理时，由于年龄变量与年级变量的信息存在着高度重合，都能代表一定的生活经历与认知水平，考虑到年级变量比年龄变量能更好地反映农民工子女的认知水平。为避免变量间高度相关造成的多重共线性，故在具体处理时保留年级变量作为自变量，剔除年龄这一变量。

②家庭特征变量：包括家庭流动结构、流动父母职业。

家庭流动结构。根据家庭成员的流动组合与规模情况，分为与父母一同流动、与父亲一起流动、与母亲一起流动、寄养于亲友家四种类型。

流动父母职业。职业通常是身份和社会地位的反映。在处理该变量时，对于父母一同流动的，采用父亲和母亲中职业类别最高的为准；对于只与父母中的一方流动的，以父母中随同流动的一方的职业为准；对父母均未流动，随迁子女被寄养于亲友家的，则处理为“其他”类别。据此，将流动父母职业分为三类：重体力劳动等低端行业，个体商业服务业，知识型技术型商业、服务业及其他行业。

③社会特征变量：包括流动地域跨度。

流动地域跨度。一般来说，流动地域跨度包含着考试是否便利、高中课程以及高考试卷的一致性等信息。根据地域跨度，对该变量的分类处理为三种类型：市内跨县流动、省内跨市流动、跨省流动。

2. 模型的选择与应用

本研究所选因变量"是否打算参加异地中考"是一个二分变量，各自变量如个人的各种特征、家庭因素及社会因素等大都为分类变量，不符合常用线性回归模型所要求的几个重要假定，即线性、正态分布、方差相等以及变量间独立等都不可能满足，而且用线性回归模型所得预测值可能落在（0，1）之外，而 Logistic 回归方法则能很好地解决这些问题，故选择 Binary Logistic 回归模型进行分析。通过 SPSS13.0 软件分别将影响农民工子女升学意愿的个人因素、家庭因素及社会因素等变量分别纳入到 Binary Logistic 模型中，回归分析结果如表 10－2。

表 10－2　Logistic 回归计算结果

因变量	是否打算参加异地中考	B	S. E.	Wald	df	Sig.	Exp（B）
个人因素	性别（参照：男）						
	女	－0. 01	0. 28	0. 00	1	0. 982	0. 994
	民族（参照：汉族）						
	少数民族	－0. 34	0. 42	0. 65	1	0. 422	0. 713
	年级（参照：初一）						
	初二	－0. 77	1. 06	0. 53	1	0. 466	0. 463
	初三	0. 99	0. 91	1. 18	1	0. 277	2. 689
	学习成绩提高情况（参照：有提高）						
	有下降	－0. 88	0. 51	3. 03	1	0. 082	0. 415
	无变化	－0. 81	0. 33	5. 89	1	0. 015	0. 446
	流入时间（参照：不满 1 年）						
	1—3 年	2. 17	0. 66	10. 90	1	0. 001	8. 763
	3—5 年	2. 80	0. 77	13. 12	1	0. 00	16. 416
	5 年以上	2. 10	0. 59	12. 55	1	0. 00	8. 17

续表

因变量	是否打算参加异地中考	B	S. E.	Wald	df	Sig.	Exp（B）
家庭因素	家庭流动结构（参照：与父母一同流动）						
	与父亲一同流动	0.38	0.34	1.25	1	0.026	0.469
	与母亲一同流动	0.12	0.64	0.03	1	0.055	0.889
	寄养于亲友家中	-0.28	1.26	0.05	1	0.022	0.754
	流动父母职业（参照：重体力劳动等低端初级行业）						
	个体商业服务业	-0.097	0.666	0.021	1	0.884	0.907
	知识型技术型商业服务业及其他行业	0.371	0.838	0.196	1	0.658	1.449
社会因素	流动地域跨度（参照：市内跨县）						
	省内跨市	-1.54	0.67	5.23	1	0.022	0.214
	跨省	-2.29	0.70	10.60	1	0.001	0.102
	常数	0.78	1.38	0.32	1	0.572	2.180

3. 模型的检验

模型摘要中给出最大似然平方的对数、Cox-Snell 拟合优度以及 Nagelkerke 拟合优度值。最大似然平方的对数值（-2Log likelihood = 361.763）用于检验模型的整体性拟合效果，该值在理论上服从卡方分布，取显著性水平 0.05，考虑到自由度数目 df = 18，通过计算可以得出卡方临界值为 28.869。因此，最大似然对数值检验通过。

表 10-3　模型摘要（Model Summary）

Step	-2 Log likelihood	Cox-Snell R Square	Nagelkerke R Square
1	361.763	0.094	0.177

模型系数的综合检验（Omnibus Tests of Model Coefficients），主要是针对步骤、模块和模型开展模型系数的综合性检验。表中给出卡方值及其相应的自由度、P 值即 Sig. 值。由于卡方临界值为 28.869，我们计算的卡方值 54.458 大于临界值，并且相应的 Sig. 值小于 0.05，因此在显著性水平为 0.05 的情况下，模型系数的综合检验通过。

表 10－4 模型系数的综合检验（Omnibus Tests of Model Coefficients）

		Chi-square	df	Sig.
Step 1	Step	54.458	18	0.000
	Block	54.458	18	0.000
	Model	54.458	18	0.000

Hosmer 与 Lemeshow 检验以卡方分布为标准，要求其卡方值低于临界值而不是高于临界值。取显著性水平 0.05，考虑到自由度数目 df = 8，通过计算可得到卡方临界值 15.507。作为 Hosmer-Lemeshow 检验的卡方值 4.410 < 15.507，检验通过。其 Sig. 值 0.818 大于 0.05，据此可以判知 Hosmer-Lemeshow 检验可以通过。

表 10－5 Hosmer 与 Lemeshow 检验

Step	Chi-square	df	Sig.
1	4.410	8	0.818

综合来看，模型检验整体效果较好。

4. 结果讨论

综合上述分析可以看出，高中阶段教育正逐步成为异地中考政策允许地区农民工家庭的教育选择，87.8% 的农民工子女具有在流入地参加异地中考的意愿。必须高度重视农民工子女的教育需求。

从农民工子女参加异地中考意愿影响因素的回归分析结果看，统计结果差异比较显著的是学习成绩提高状况、流入时间长度、流动地域跨度、家庭流动结构等因素，而性别、年级、民族、流动父母职业等因素则对农民工子女的异地中考意愿不具有显著影响。

（1）对于有显著差异的变量来说，可以得出以下认识：

学习成绩提高状况、流入时间长度、流动地域跨度、是否同父母一起居住等因素对农民工子女的异地中考意愿具有显著影响。

①从学习成绩提高状况看，相对于学习成绩有提高的农民工子女，学习成绩无变化与有下降是参加流入地异地中考意愿的负性影响因素，其参加异地中考的发生比率分别是学习成绩有提高农民工子女的 41.5% 和

44.6%。这表明学习成绩的提高对农民工子女参加异地中考具有积极的作用，提升了农民工子女在城市参加中考的信心。

②从流入时间长度看，相对于流入时间不满1年的农民工子女，流入时间在1—3年、3—5年、5年以上的农民工子女参加流入地异地中考的可能性都大大增加，其参加异地中考的可能性分别是流入时间不满1年农民工子女的8.763倍、16.416倍、8.170倍。这表明，随着农民工子女流入城市时间的增加，其参加异地中考的可能性也大大增加。

③从家庭流动结构看，相对于与父母一同流动的农民工子女，与父亲一同流动、与母亲一同流动是参加流入地异地中考意愿的正面影响因素，其发生比率分别是与父母一同流动的46.9%和88.9%；而寄养于亲友家中的系数值为负数，表明寄养于亲友家是参加流入地异地中考意愿的负性影响因素，其发生比率是与父母一同流动的75.4%。这表明，与父母一起流动的农民工子女比其他家庭流动结构形式的农民工子女参加异地中考的可能性更高。

④从流动地域跨度上看，相对于市内跨县流动的农民工子女，省内跨市流动和跨省流动的系数值为负数，表明省内跨市流动和跨省流动是参加流入地异地中考意愿的负性影响因素，其参加异地中考的发生比率分别是市内跨县流动农民工子女的21.4%和10.2%。这或许可以解释为由于行政区划设置的差异，考试科目设置和课程设置在各行政区划间差异较大，影响了农民工子女系统地接受高中教育。与此同时，当前我国有18个省份高考为自主命题，农民工子女如果要参加以后的高考仍然需要回到户籍地，这种地域条块分割的格局严重限制了农民工子女参加异地中考的意愿。

（2）对于没有显著差异的变量来说，可以得出以下认识：

性别、年级、民族、流动父母职业等因素对农民工子女的异地中考意愿不具有显著影响。

①从性别的角度看，男生与女生在参加异地中考意愿方面不存在明显差别。

②从年级上看，无论是初一、初二还是初三年级的农民工子女在参加异地中考意愿方面也不存在明显差别，这表明农民工子女参加异地中考的意愿不存在知识水平、认知水平和年龄阅历方面的差别。

③从民族角度看，不论是汉族农民工子女，还是少数民族农民工子女，其异地中考意愿也不存在显著差异。

④从流动父母职业看，农民工子女父母职业的差异并不对农民工子女的异地中考意愿具有显著影响。这可能是因为农民工职业上的高度同质性使得其社会身份和地位并没有实质性的变异，致使其对农民工子女异地中考的意愿也没有显著影响。

第十一章

实施农民工子女异地中考政策的前景展望

异地中考政策是否需要在全国推进，推进程度如何把握，都需要以农民工子女为政策瞄准对象，通过以初中适龄的农民工子女的规模变动趋势为依据来制定合理的规划，这是制定异地中考政策的出发点。据此，需要对初中适龄农民工子女的规模变动趋势作出判断与解读。

同时，异地中考政策是否适于推行，推行过程中要制定怎样的策略，取决于政策自身的特点和当前的社会环境条件。分析这一政策自身的优势和劣势，全面了解实施这一政策的有利社会条件与潜在风险，有助于制定推进异地中考政策合理的战略，以稳步推进异地中考政策在全国的落实。优势与劣势、机遇与挑战，这些内部自身条件和外部环境因素构成了SWOT态势分析法的四个基本要素。据此，可用SWOT态势分析法对异地中考政策的实施条件进行分析。

一、12—14 周岁农民工子女规模的发展趋势展望

影响流动人口规模变动的因素，既有社会经济的，也有自然环境的，还有科学技术层面的和个人主观层面的。这些因素复杂多样，作用方式不确定，难以用几个指标涵盖并清楚地表达，而且这些因素之间的结构关系难以准确描述，它们对流动人口增长的作用更是无法精确计算。目前，关于流动人口的预测还没有公认比较成熟、稳定的模型，其预测难度也是相当大的。

（一）流动人口预测方法的选择

从目前学界对流动人口预测所使用的方法看，主要有以下几类：一是历史趋势外推法，二是主因素法，三是多因素法。

1. 历史趋势外推法

这一方法是根据流动人口规模的历史数据的变化趋势进行拟合，然后外推。这种方法仅需要根据少量的流动人口历史数据为其假定一个变化的趋势，然后对其进行拟合、外推，即可对流动人口的规模作出预测。它所需要收集的数据少，避免了因为其他相关变量的共线性问题所导致的预测不准确性，也相对简单易行。具体的方法有 Logistic 拟合外推法、等维灰

色递补 GM（1，1）预测法等。

2. 主因素法

这是利用一个或两个与人口流动密切相关因素的变化趋势来推测流动人口的总量变化。这一方法由于缺乏相应的模型检验指标，使得预测结果的准确性难以衡量，也影响了这一方法的推广使用。

3. 多因素法

若能建立流动人口与各社会经济因素之间的一种线性或非线性模型，便能在充分考虑各种影响因素的基础上预测出流动人口规模变化。这是相对来说最理想的方法，但其难度也非常大。因为与之相关的各项社会经济变量的预测本身就是一个难题，而且各因素变量之间会出现较强相关性，在建立多元回归模型时，共线性问题会影响到预测本身的准确性，预测的效果受诸多不确定性因素的影响较大，预测的准确性也将大大降低。

由于现有流动人口信息采集系统的不完善，流动人口的数据信息相对缺乏，难以全面把握流动人口的信息，这在一定程度上影响了对流动人口变动趋势进行科学预测的准确性。客观地讲，准确预测流动人口的变动趋势，尤其是准确预测 12—14 周岁的农民工子女的变动趋势是十分困难的，甚至是不可能的。因此，直接对 12—14 周岁农民工子女的数量进行预测具有较大的不可预知因素。

但是，流动人口的年龄结构是相对稳定的，12—14 周岁农民工子女占全国流动人口的比例多年来保持在 1.90% 这一相对稳定的水平。相对于 12—14 周岁的农民工子女数量的变动，全国流动人口的数量具有较为稳定的数量变动规律，且地域越大，影响其数量变动的偶然因素越少。通过对全国流动人口的数量变动来推算 12—14 周岁的农民工子女数量变动，具有一定的可行性和科学性。

综合上述分析，可以先对全国流动人口的数量变动趋势进行分析，然后根据往年 12—14 周岁农民工子女占全国流动人口的比例进行推算，以得出未来各年 12—14 周岁的农民工子女数量。

（二）Logistic 曲线拟合预测

1. 曲线形状与模型的确立

首先，城市经济发展的强劲势头对农村劳动力具有较强的需求和吸引力。

近年来，城市的高速发展对流动人口具有巨大的吸引力，城市连续多年保持的经济上的高速增长态势势必会吸引更多的流动劳动力的到来。

但随着城市产业结构的改善，以及新农村建设的推进，农村发展的良好开端得到延续，农村流动人口进入城市的增长幅度也会逐步降低，最终会围绕某一水平而上下波动。因此，未来全国农民工数量的变动趋势是：数量增长，速度放慢，最终达到一个饱和或稳定的程度。

基于以上讨论，特选取 Logistic 曲线作为全国流动人口的预测模型。由于影响流动人口变动的因素极其复杂多样，并且这些因素具有较强的相关性，共线性问题会影响到预测本身的准确性，这就限制了诸如多元回归等预测方法的使用。在这种情况下，根据历年流动人口数量，运用 Logistic 曲线拟合外推未来流动人口数量是一种较为可行的方法。在外部政治环境、经济环境、人口环境和政策环境不发生较大变化的情况下，历史趋势外推法得到的结果有一定的参考价值。

2. 数据的选取与处理

由于流动人口的流动性较大，其居住地和工作地经常发生变动，这给流动人口信息统计与监测工作带来了巨大困难，全国并未建立起系统的流动人口统计与监测信息系统。从现有的数据看，目前仅有国家的人口普查和 1% 人口抽样调查能够提供全国流动人口或农民工的数量信息。但 1982 年第三次全国人口普查和 1987 年的 1% 抽样调查由于未对户籍属性信息进行收集，故无法识别出农民工这一群体。从 1990 年的第四次人口普查开始，农民工这一群体才得以在数据上进行识别。

根据“三普”数据估算，1982 年我国流动人口的数量为 657 万，占全国总人口的 0.66%。随着 1984 年《国务院关于农民进入集镇落户问题的通知》的发布，国家在一定程度上放松了对农村人口进入中小城镇的控制。1987 年全国 1% 人口抽样调查数据显示，当年全国流动人口达到

1810 万人[①]。

根据“四普”数据进行估算，1990 年全国流动人口数量达到 2135 万，占全国总人口的 1.89%。而随着经济体制的改革与市场经济体制的逐步确立，人口流动的目的地也逐渐突破小城镇而大量进入大中城市，1995 年全国流动人口的数量达到 7073 万，占全国总人口的比例进一步提高到 5.86%[②]。

进入新世纪以后，流动人口继续保持快速增长的势头，2000 年全国流动人口数量超过 1 亿。2005 年，全国流动人口数量达到 14735 万[③]。

根据国家人口计生委统计，2008 年中国流动人口规模已经达到 2.01 亿[④]。

最新出版的《中国流动人口发展报告 2010》指出，2009 年中国流动人口数量达到 2.11 亿[⑤]。

为保证历年数据单位的统一与可比性，需要将 2008 年和 2009 年的流动人口数据转为以万人为单位；但 2008 年和 2009 年的上述数据只提供了精确到百万的信息，而十万和万的信息不可知。为尽量减少因这种数据的不确定性而带来的风险，特将上述数据未可知的十万位数的信息处理为该数段的中位数，即 2008 年的流动人口数量处理为 20150 万，2009 年的流动人口数量处理为 21150 万。

3. 模型的预测

根据前述，我们所确定的未来流动人口的预测模型为 $Y = \frac{k}{1+e^{-a*(x-b)}}$，其中 x 表示年份，Y 表示流动人口数，a，b，k 为三个特定参数。为避免自变量 x 与观测值在数量上相差过大，x 取值等于预测年份减起始年份再加 1。运用 Stata 9 统计软件拟合可以求出，该模型的 a，b，k 值分别为 k = 18139.41，a = 0.2051902，b = 17.15121，则该模型为 $Y = \frac{18139.41}{1+e^{-0.2051902(x-17.15121)}}$。其中，$R^2 = 0.9958$，回归方程统计检验达到显著水

①②③ 段成荣等. 改革开放以来我国流动人口变动的九大趋势［J］. 人口研究，2008（6）.

④ 国家人口计生委流动人口服务管理司. 中国流动人口生存发展状况报告［J］. 人口研究，2010（1）.

⑤ http：//china. huanqiu. com/roll/2010 – 06/885823. html.

平（P<0.001），整体预测效果较好。

表 11－1　流动人口与 12—14 周岁农民工子女规模的拟合预测

单位：万

年份	流动人口	农民工子女	年份	流动人口	农民工子女	年份	流动人口	农民工子女
1982	1079.21	20.81	1995	5716.36	110.25	2008	19737.07	380.67
1983	1234.31	23.81	1996	6423.15	123.88	2009	21059.90	406.18
1984	1410.86	27.21	1997	7198.08	138.83	2010	22365.06	431.36
1985	1611.56	31.08	1998	8042.97	155.12	2011	23640.74	455.96
1986	1839.40	35.48	1999	8958.55	172.78	2012	24876.20	479.79
1987	2097.60	40.46	2000	9944.19	191.79	2013	26062.10	502.66
1988	2389.69	46.09	2001	10997.75	212.11	2014	27190.75	524.43
1989	2719.40	52.45	2002	12115.38	233.67	2015	28256.20	544.98
1990	3090.69	59.61	2003	13291.47	256.35	2016	29254.30	564.23
1991	3507.69	67.65	2004	14518.63	280.02	2017	30182.61	582.13
1992	3974.62	76.66	2005	15787.81	304.50	2018	31040.24	598.67
1993	4495.69	86.71	2006	17088.50	329.59	2019	31827.68	613.86
1994	5075.00	97.88	2007	18409.05	355.06	2020	32546.58	627.73

从拟合外推的结果看，流动人口规模的增长速度在今后将逐渐放缓。到 2011 年，全国流动人口的规模将达到 23640.74 万人，流动人口增长速度有所放缓；到 2015 年，全国流动人口的规模将达到 28256.20 万人；到 2020 年，流动人口的规模将达到 32546.58 万人，流动人口规模接近峰值，增长速度明显减缓。

由于人口流动的自身规律，总体上看，12—14 周岁农民工子女占流动人口比例是相对稳定的。根据 2005 年 1% 人口抽样调查的数据，12—14 周岁农民工子女占流动人口的比例为 1.9287%，而 2000 年这一比例为 1.8728%，基本保持稳定。当前，流动人口的流动正呈现出"家庭化"这一趋势，即农民工在外地逐步站稳脚跟后，会将留守家中的配偶、子女以

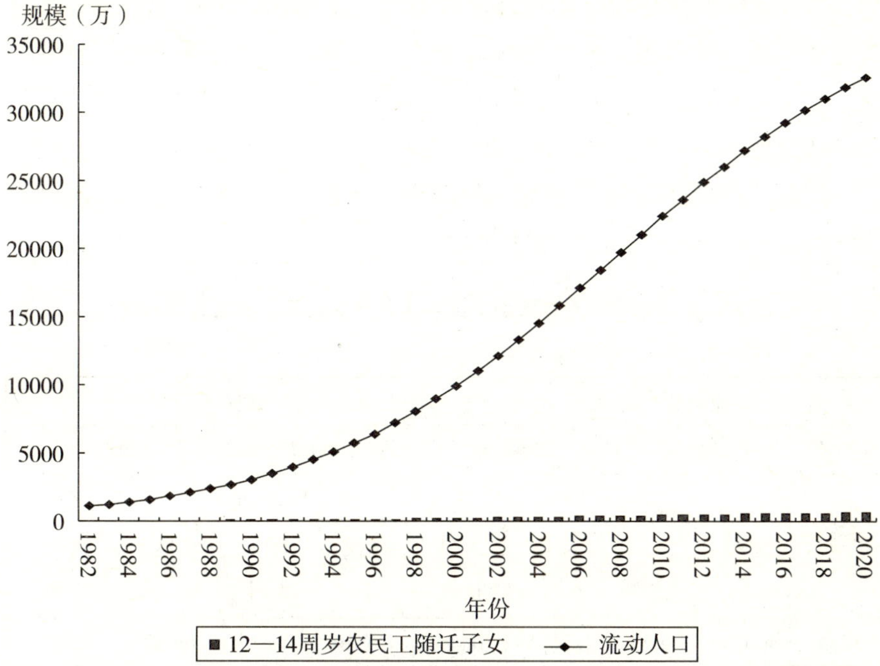

图 11－1　1982—2020 年全国流动人口与 12—14 周岁的农民工子女规模

及老人逐步地接到身边，实现举家流动。从这一角度看，12—14 周岁农民工子女占流动人口的比例在今后可能还会有所提升。

若以保守的方案来看，即保持目前 12—14 周岁农民工子女占流动人口比例为 1. 9287% 的年龄结构不变，则 2011 年、2015 年、2020 年 12—14 周岁的农民工子女规模将分别达到 455. 96 万人、544. 98 万人、627. 73 万人。

从 12—14 周岁的农民工子女规模的变动趋势看，未来这一年龄段的农民工子女将持续保持在 400 万人以上的规模。这意味着异地中考的需求将是巨大的，势必需要对异地中考提前作出安排。这也是进行异地中考政策设计的依据和出发点。

（三）14 周岁农民工子女未来变动趋势的解读

1. 从规模上看，14 周岁农民工子女规模将保持持续增加的势头

制定异地中考政策，需要以每年初中毕业的农民工子女作为目标对

象，并以其规模变动趋势作为制定政策的基本依据。2006 年修订并实施的《中华人民共和国义务教育法》第十一条规定：“凡年满六周岁的儿童，其父母或者其他法定监护人应当送其入学接受并完成义务教育；条件不具备的地区的儿童，可以推迟到七周岁。”

据此，本研究以 14 周岁作为异地中考政策所要针对的目标对象的界定年龄，并依此进行相应的政策设计。

表 11－2　12—14 周岁流动青少年儿童与农民工子女规模与结构

单位：人，%

年龄	流动青少年儿童 2000 年 规模	流动青少年儿童 2000 年 占流动人口比例	流动青少年儿童 2005 年 规模	流动青少年儿童 2005 年 占流动人口比例	农民工子女 2000 年 规模	农民工子女 2000 年 占流动人口比例	农民工子女 2005 年 规模	农民工子女 2005 年 占流动人口比例
12 岁	905263	0. 88	1236059	0. 84	626316	0. 61	979962	0. 67
13 岁	936842	0. 92	1161369	0. 79	650526	0. 64	900088	0. 61
14 岁	909474	0. 89	1215641	0. 82	638947	0. 62	961839	0. 65
合计	2751579	2. 69	3613069	2. 45	1915789	1. 87	2841889	1. 93

资料来源：根据 2000 年“五普”0. 95‰数据、2005 年 1% 人口抽样调查数据计算得出。

在人口流动过程中，流动人口的家庭结构是相对稳定的，其家庭成员的年龄结构也是相对稳定的。2000 年第五次人口普查和 2005 年 1% 人口抽样调查数据显示，14 周岁农民工子女占流动人口的比例大致稳定在 0. 62%—0. 65%。考虑到人口流动“家庭化”的趋势，当前流动人口的家庭结构正处于由“单人流动”、“夫妻共同流动”向“安排子女随迁”、“安排老人随迁”逐步转变的这一过渡过程中，流动青少年儿童所占的比例在今后几年可能会略有小幅提升。基于此考虑，本研究假设 14 周岁农民工子女占流动人口的比例保持 2000—2005 年匀速递增的发展势头，即保持平均年递增 0. 006% 这一比例，则未来各年 14 周岁农民工子女规模即可得出。具体结果如下。

根据图 11－2 的结果，未来 14 周岁农民工子女的规模会出现持续增

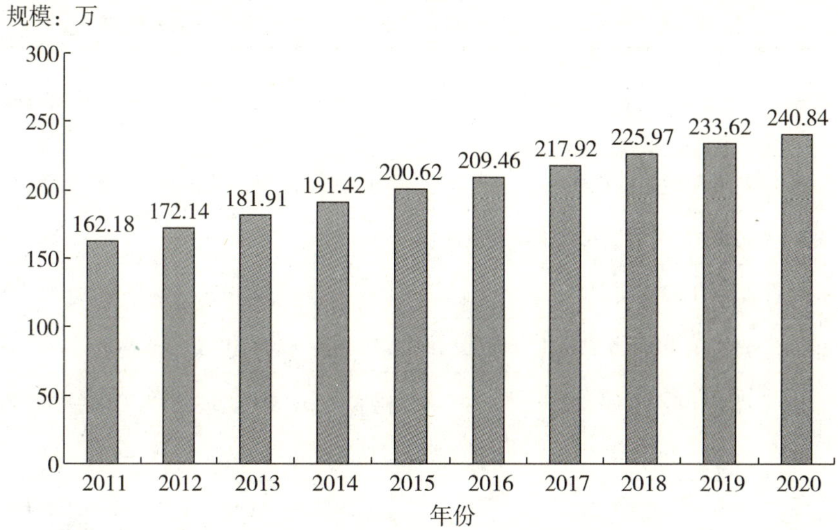

图 11－2　14 岁农民工子女规模变动趋势

长的态势，到 2011 年、2015 年、2020 年，这一群体将分别达到 162.18 万人、200.62 万人、240.84 万人。从规模上看，这一群体的数量是非常庞大的，并且未来 10 年这一群体的规模将维持在 160 万人以上。考虑到《国家中长期教育改革和发展规划纲要（2010—2020 年）》提出的“普及高中阶段教育”的目标，这就要求相关部门必须看到这一群体的客观存在，合理认识其发展变动趋势，并以此作为设计异地中考政策的依据。

2. 从流动地域类型上看，省内流动是主流

根据 2000 年“五普”数据的计算结果，2000 年 12—14 周岁的农民工子女省内跨县流动占 34.0%，县内流动占 45.9%，跨省流动占 20.1%，省内流动占 79.9%，成为 12—14 周岁的农民工子女的主要特点。单独从 14 周岁这一单岁年龄组看，省内流动占 80.5%，仅有 19.5% 为跨省流动。

从 2005 年 1% 全国人口抽样调查数据看，12—14 周岁的农民工子女省内流动占 64.0%，跨省流动上升到 36.0%。单独从 14 周岁这一单岁年龄组看，省内流动占 64.91%，跨省流动占 35.1%。

以省内流动为主的流动特点，在一定程度上为异地中考政策的探索留出了一定的发挥空间，减少了异地中考政策的复杂程度和实施难度。

表 11 -3 按流动类型分 2000 年 12—14 周岁农民工子女的构成

年龄	构成	流动类型			合计
		县内	省内跨县	跨省	
12	占本年龄组的比例	41.4%	38.4%	20.3%	100.0%
	占 12—14 周岁农民工子女的比例	13.8%	12.8%	6.8%	33.4%
13	占本年龄的比例	47.3%	32.4%	20.4%	100.0%
	占 12—14 周岁农民工子女的比例	16.0%	11.0%	6.9%	34.0%
14	占本年龄的比例	49.2%	31.3%	19.5%	100.0%
	占 12—14 周岁农民工子女的比例	16.1%	10.2%	6.4%	32.7%
合计	占本年龄组的比例	45.9%	34.0%	20.1%	100.0%

资料来源：根据 2000 年“五普”0.95‰数据计算。

表 11 -4 按流动类型分 2005 年 12—14 周岁农民工子女的构成

年龄	构成	流动类型			合计
		县内	省内跨县	跨省	
12	占本年龄组的比例	32.1%	31.0%	36.9%	100.0%
	占 12—14 周岁农民工子女的比例	11.2%	10.8%	12.9%	34.9%
13	占本年龄的比例	31.7%	32.3%	36.0%	100.0%
	占 12—14 周岁农民工子女的比例	10.2%	10.3%	11.6%	32.1%
14	占本年龄的比例	34.4%	30.5%	35.1%	100.0%
	占 12—14 周岁农民工子女的比例	11.4%	10.1%	11.6%	33.1%
合计	占本年龄组的比例	32.8%	31.2%	36.0%	100.0%

资料来源：根据 2005 年 1% 全国人口抽样调查数据计算。

二、实施农民工子女异地中考政策的 SWOT 分析

SWOT 是 Strengths（优势）、Weaknesses（劣势）、Opportunities（机会）和 Threats（威胁）4 个英文单词的缩写，SWOT 分析法又称为态势分

析法，是一种将外部环境因素和内部能力因素有机结合的分析方法。其原理是通过对系统或机构的优势、劣势、面临的发展机遇和威胁进行系统分析，寻求最佳的趋利避害的发展战略和策略。通过对异地中考政策进行SWOT分析，可以清楚地确定异地中考政策的自身优势与缺陷，了解其所面临的机遇与挑战，这对于全面、合理地认识异地中考政策的前景、制定科学有效的战略具有重要的意义。

（一）异地中考政策的SWOT分析

1. 优势（Strengths）分析

（1）顺应社会发展趋势，为保障流动青少年儿童的受教育权利提供了政策支持

异地中考政策把在城市读书却又难以在城市参加中考并升学的流动人口子女纳入到城市的教育体系中，扩大了城市高中阶段教育的覆盖面，满足了农民工子女对高中阶段教育的需求，保障了农民工子女能在城市平等享有受教育权。为弱势群体能在城市顺利接受高中阶段教育提供政策支持，是“以人为本”理念的具体体现，是社会进步的表现。

（2）异地中考政策是对现有中考政策的补充，弥补了其诸多缺陷

现有中考政策以户籍作为接纳学生接受当地高中阶段教育的依据，迫使农民工子女不得不回原籍参加中考，这在相当程度上影响了农民工子女顺利接受高中阶段教育。现有的中考政策不但带来与流动家长分离造成的亲情缺失，也由于环境的变化、教育课程设置的差异，导致农民工子女在返回户籍地后对学习的不适应。农民工子女要想在城市接受教育，只能以借读、借考的形式在城市读取高中阶段教育，而且需要交纳高昂的各种费用，给许多农民工家庭造成了沉重的负担。而异地中考政策不再以户籍作为在城市接受高中阶段教育的门槛，它通过适当的政策设计与调整，保障适龄人口能够在城市顺利地接受教育，是对现有中考政策的有力补充。

2. 劣势（Weaknesses）分析

（1）异地中考政策问题复杂，设计难度较大

异地中考政策，不仅仅是一项考试制度安排，还涉及户籍管理、学籍管理等问题，在制定这一政策的过程中必须将附着于户籍上的各种社会福

利予以合理剥离才能有效推进。而且，中考作为义务教育与高中阶段教育的过渡，它与高考实际上是紧密联系在一起的，要对异地中考政策进行设计与调整，也必须对高考政策作出相应的设计与调整。同时，如何保证跨省流动青少年儿童与省内流动青少年儿童平等地享有高中阶段受教育权，要求有关部门作出制度安排。

（2）异地中考给流入地的财政造成了较大压力，需要调整教育财政支付渠道

由于高中阶段教育属于非义务教育，各地的高中阶段教育有相当一部分教育经费需要依靠当地的财政来维持正常运转。在城市高中阶段教育资源仍然有限的情况下，流动人口的到来“稀释”了城市人均高中阶段教育经费，这在一定程度上影响了流入地城市接纳农民工子女入读高中的积极性。于是，作为对当地教育经费的“补偿”，名目繁多、费用昂贵的“借读费”、“赞助费”在各地屡屡出现，这造成对低收入农民工家庭子女受教育机会的不平等，影响了农民工子女在各地顺利接受高中阶段教育。要顺利推进异地中考政策，必须积极探索教育投入多样化渠道，适当调整各地高中阶段教育的财政支付渠道，利用全社会资源发展高中阶段教育。

（3）容易产生“考试移民”的隐患，对城市的教育发展水平造成冲击

从目前部分城市高中阶段教育资源状况来看，高中阶段教育发展不均衡的问题比较突出，高中阶段教育资源紧张，特别是优质高中教育资源紧张的状况尚未得到根本缓解。城乡之间、区域之间和学校之间的办学条件和教学质量存在着较大差距，由于区域教育资源的不平衡，优质教育资源在不同地区的享有机会差别较大。部分获取优质资源较为困难地区的考生为了更容易获取优质教育资源，会采用“中考移民”、“高考移民”的方式涌入放宽异地中考政策的地区，这势必对我国现行以户籍制度为基础的各级学校招生制度造成冲击，对高中教育资源布局和教育质量产生不利影响。

（4）对部分城市的人口调控工作造成冲击

随着我国社会经济的发展，人口流动日益频繁，流动人口的迅猛增多与城市协调发展的矛盾开始逐步凸显，如何对人口进行适当调控成为我国各大城市实现可持续发展必须解决的问题。考虑到目前我国教育发展存在比较明显的城乡和区域差距，优质教育资源和接受更好的高等教育机会在

城市相对更容易获得，这将刺激流动人口家庭为了使子女获取这种教育资源而产生无序流动的局面，对城市的人口调控工作造成巨大影响，加剧城市人口、资源、环境与可持续发展之间的矛盾。而这也是与解决农民工子女高中阶段受教育需求问题的初衷相违背的。正基于此，许多城市在向流动人口开放高中阶段教育的问题上态度谨慎。

3. 机会（Opportunities）分析

（1）党中央与政府高度重视，为异地中考政策的实施创造了政策环境

党中央和政府先后出台了一系列文件，对推进异地中考提供了政策支持。党的十七大报告提出要“加快普及高中阶段教育”。《国家中长期教育改革和发展规划纲要（2010—2020年）》提出“到2020年，普及高中阶段教育，全面满足初中毕业生接受高中阶段教育需求”，要“研究制定进城务工人员随迁子女接受义务教育后在当地参加升学考试的办法”，这些指导性文件都为实施异地中考创造了良好的政策环境，为异地中考的实施提供了契机。

（2）当前社会对高中阶段教育需求强烈，为异地中考政策的实施提供了群众基础

随着义务教育的普及，初中教育已不能完全满足大众对初中后教育的需求，越来越多的家庭希望子女能够接受更高的教育。历年的《全国教育事业发展统计公报》数据显示，我国高中阶段毛入学率从2002年的42.8%迅速上升到2008年的74%，社会对高中阶段教育的需求强烈。这为异地中考政策的实施提供了坚实的群众基础。

（3）媒体与民众对异地中考呼声强烈，关注较多，为异地中考政策的实施提供了舆情环境

近几年，媒体对农民工子女异地中考开始关注，相当一部分人大代表、政协委员以及教育界和媒体人士对这一问题给予了极大关注，呼吁积极研究并落实异地中考问题。这使得异地中考政策为更多的民众所了解，为异地中考政策的实施创造了良好的舆情环境。

（4）政府财政支付能力有了显著提高，为实施异地中考政策提供了财力支持

随着我国综合国力的增强，政府财政支付能力有了较大提高。尤其是

《国家中长期教育改革和发展规划纲要（2010—2020年）》提出："提高国家财政性教育经费支出占国内生产总值比例，2012年达到4%"，这一预算目标为实施异地中考政策提供了有力的财政保障。

（5）以省内流动为主的农民工子女流动结构，客观上减少了政策设计与执行的难度

当前无论是面临初中毕业的14周岁农民工子女，还是初中适龄的12—14周岁农民工子女，其大多为省内流动，仅有1/3左右为跨省流动，省内地域空间上的高度一致性为异地中考政策的设计与执行降低了难度。

4. 威胁（Threats）分析

（1）异地中考政策设计是一个系统工程，涉及诸多部门与地区，复杂程度高

现有的中考政策是基于户籍制度而设计的，由于我国城乡二元体制的存在，要设计并推行异地中考政策改革，则必然需要从户籍制度入手，将附着于户籍制度上的各种社会管理制度和社会福利进行剥除并予以重新设计。这需要教育部门、户籍管理部门以及其他相关部门进行协调，需要各地区在制度对接上进行协调，是一项异常复杂的系统工程。

（2）流动人口自身的不稳定性，为相关政策的制定带来了诸多困难

由于流动人口的流动具有"经济逐利"的特征，这就决定了这种流动会由于地区间经济发展水平的差异而出现不稳定，导致农民工子女的规模在某一个城市出现波动，这在客观上增加了异地中考政策的设计难度。

（3）大多数城市未将农民工子女纳入到本地高中阶段教育规划中，限制了异地中考政策的前瞻性

当前，大多数城市是以本市户籍人口为基数制定教育规划的，农民工子女则基本被排斥在本地高中阶段教育规划之外。这在相当程度上限制了异地中考政策的前瞻性，无法使这一政策更好地覆盖所有农民工子女。

（4）高中阶段教育一直未列入教育发展的重心，其经费偏低，直接造成了高中阶段教育资源的紧张

从20世纪80年代以来，政府教育主管部门大多致力于义务教育和高等教育的发展，而对高中阶段教育的重视相对不足。1986—1998年，各级政府和教育主管部门主要致力于普及九年义务教育；1999—2002年，教育

发展的重心直接从义务教育阶段转至高等教育阶段，跨越了普及高中教育这一阶段。而对于农民工子女，各级政府和教育主管部门从2003年以来也予以极大关注，主要是集中于解决流动儿童和留守儿童的义务教育问题，对他们的初中后教育则关注不多。这种做法的一个直接表现就是高中阶段教育经费的支出偏低，直接造成了高中阶段教育资源的紧张。让农民工子女在流入地参加中考，必将导致城区学校压力增大，尤其是优质高中的入学压力更大，教育资源紧缺的矛盾将更加突出。

从教育经费的支出结构上看，《2008年全国教育经费执行情况统计公告》显示，全国普通高中生均预算内事业费支出为3208.84元，中等职业学校生均预算内事业费支出为3811.34元，而普通初中和普通高等学校的生均预算内事业费支出分别为3543.25元和7577.71元。偏低的教育经费支出，影响了高中阶段教育的发展。

（二）异地中考政策的SWOT战略

通过对异地中考政策进行SWOT分析，形成了SO战略、WO战略、ST战略、WT战略。

1. SO战略

这一战略的含义是要依靠内部优势，利用外部机会。根据对异地中考政策内部条件与外部环境的分析，这一战略要求充分利用当前的有利时机，发挥出异地中考政策对原有政策的弥补功能，积极稳妥地推进这一政策在全国实施。

2. WO策略

这一战略的含义是利用外部机会，弥补内部劣势。据此引入可以在全国各地“转移支付”的教育券，提高流入地政府接纳农民工子女的积极性；同时，通过向农民工子女开放城市免费的职业教育作为突破口，最终形成全国一盘棋的局面。

3. ST策略

这一战略的含义是利用内部优势，规避外部威胁。由于外部环境的制约，要推进异地中考政策，必须充分利用这一政策自身的优势，通过建立一系列配套措施保障这一政策的顺利实施。同时，将政府教育工作重心适当地转移至高中阶段教育，提升高中阶段教育的地位。

4. WT 策略

这一战略的含义是减少内部劣势，规避外部威胁。由于异地中考政策的复杂性，需要多个部门与地区共同参与设计，这就需要成立一个专门机构进行协调。同时，要保证这一系统工程顺利实施，必须在户籍制度、高考制度上进行相应的改革。最后，要保证这一政策的前瞻性，还得进行科学规划，将流动人口和农民工子女的发展趋势作为设计与调整异地中考政策的依据和出发点。

表 11-5　异地中考政策的 SWOT 分析

	优势 S 1. 顺应社会发展趋势 2. 弥补现有政策的缺陷	劣势 W 1. 问题复杂，设计难度大 2. 流入地财政压力较大 3. “考试移民”的隐患 4. 冲击城市人口调控工作
机会 O 1. 党和政府高度重视 2. 社会需求强烈 3. 媒体与民众关注 4. 政府财政支付能力提高 5. 以省内流动为主	SO 战略 积极稳妥地推进异地中考政策	WO 战略 1. 以职业教育为突破口 2. 引入教育券 3. 全国一盘棋
威胁 T 1. 是一个系统工程 2. 流动人口的不稳定性 3. 规划未纳入随迁儿童 4. 未列入教育发展的重心	ST 战略 1. 配套工程 2. 逐步将教育发展重点转到高中阶段教育	WT 战略 1. 成立专门的机构 2. 改革高考制度 3. 改革户籍制度 4. 科学规划，合理认识流动人口变动趋势

第十二章

结论与建议

一、主要结论

①异地中考政策是实现平等受教育权的体现，是义务教育和高中教育的重要衔接点，解决好农民工子女异地中考问题具有重大意义。

②当前异地中考政策存在着惠及面窄、程序繁琐、成本较高的情况。

③允许异地中考政策地区农民工子女的升学意愿强烈，高中阶段教育正逐步成为农民工家庭教育选择的底线。

④对于农民工子女初中毕业后的出路选择，农民工家长及其子女更倾向于在城市接受普通高中教育。

⑤职业中学对农民工家长及其子女的吸引力不足，尚有较大潜力可挖掘。

⑥学习成绩提高状况、流入时间长度、流动地域跨度、是否同父母一起居住等因素对农民工子女的异地中考意愿具有显著影响。

⑦性别、年级、民族、流动父母职业等因素对农民工子女的异地中考意愿不具有显著影响。

⑧当前异地中考政策难以推进，是与当前的教育资源分配体制、户籍制度、高考制度联系在一起的。异地中考政策的制定与设计，是一个综合性的配套工程。

⑨未来流动人口规模的发展趋势总体上是趋于增加的，农民工子女也面临着不断增多的局面。有关部门需做好有更多农民工子女流入城市的准备。

⑩当前异地中考的目标人群，其流动地域跨度主要是省内流动；但跨省流动将成为政策制定的难点。

⑪开放城市职业学校是推进异地中考政策的突破口。

⑫异地中考政策从自身特点看，它具有诸多优势与劣势；从外部环境看，也面临着诸多机遇与威胁。这构成了制定异地中考战略的基本要素。

二、建议

1. 加强农民工子女高中阶段教育需求情况的调研，做好异地中考政策相关教育规划

（1）要对农民工子女做到“底数清”、“情况明”

这需要对农民工子女在流入地的基本情况进行系统了解，对其分布、规模、流动的稳定性、受教育过程的变动等信息进行全面了解，了解他们对普通高中和职业学校的需求倾向，及时准确地把握他们对高等教育的需求信息，以便为制定合理的异地中考政策作出科学决策。

（2）科学预测流入地的接纳“容量”，进行前瞻性规划

对于城市农民工的规模变动趋势、农民工子女的教育需求，完全可以进行前瞻性预测。各地应以常住人口为口径，将农民工子女纳入到本地的教育规划中，科学预测本地适龄高中阶段人口的分布及发展变化趋势，以现有办学条件和教育教学水平所能够提供的学位数量为依据，科学布点，合理整合，对高中阶段教育的供给与需求变动状况作出科学判断。

（3）系统评估异地中考政策的利弊情况

对于流动人口随迁子女高中阶段教育需求不能满足所造成的影响进行系统分析，全面评估异地中考政策的利弊，以不断改进高中阶段招生政策。

2. 针对影响农民工子女异地中考意愿的各种因素作出积极的回应，并据此进行相应的政策设计与调整

（1）对于已经出台异地中考政策的地区

首先，高度重视农民工子女参加流入地异地中考的强烈意愿，积极引导农民工子女的这一意愿。尤其是从意愿类别上看，其读高中的比例要高于职业学校的比例，这可能与高中后阶段教育偏好有关。各地需为未来更多的农民工子女在城市接受高中教育而积极应对，对高中教育资源和职业教育资源进行有效规划并进行合理配置。

其次，必须根据影响农民工子女异地中考意愿的因素进行政策调整。各地已有的异地中考政策规定存在着“一刀切”与简单化的现象，大多未

系统考察影响农民工子女参加异地中考意愿的因素，缺乏对影响农民工子女参加异地中考意愿各种个人因素、家庭因素和社会因素的深入分析，针对性相对较弱，影响了政策的实施效果。据此，各地须对此作出积极的回应与适当调整。

(2) 对于未出台异地中考政策的地区

首先，积极了解农民工子女参加流入地异地中考的意愿情况，积极引导这一群体接受更高阶段教育的意愿，为将来农民工子女参加本地中考做好舆情与社情准备工作。

其次，以农民工子女异地中考意愿的影响因素为导向进行政策设计。政策的设计需要充分考虑影响农民工随迁子女异地中考意愿的个人因素、家庭因素和社会因素，使得政策既符合农民工子女家庭的教育需要，又能保证城市高中阶段教育资源的合理配置和有序供给。

3. 引入教育券理念，解决教育经费在区域间的“支出流动”问题

当前部分地区对于流动儿童的高中阶段教育入学问题缺乏积极性，一个主要的原因在于流动儿童的到来并未带来教育经费相应的“可转移支付”，并且由于流动青少年儿童的涌入造成教育经费被“稀释”，这直接导致了城市地区“借读费”、“赞助费”等费用频频出现。通过在全国推行可跨地区结算使用的教育券制度，建立中央财政拨一点、流出地政府出一点、流入地政府补一点的“三位一体”的教育券经费筹措机制，从资金、规章制度和支持服务三个方面对教育券进行设计与评估，使得学校可以凭学生交纳的教育券在当地政府兑换，实现教育经费的分配与流动学生规模相匹配。这样，农民工子女可凭教育券在全国任何一个地区就学，国家根据学校提供的教育券进行财政拨款。这既可以有效解决城市地区高中阶段教育经费的不足，也可以消除户籍制度对学生自由流动带来的不利影响，进而提高城市接纳农民工子女的积极性。

4. 以职业教育作为推进异地中考政策的突破口，在城市向农民工子女全面开放免费职业教育

由于中等职业教育自身的特点，它与高考的联系没有普通高中教育那样密切。而当前国家免费职业教育只惠及城市本地户籍人口，如果放开户籍限制，让流动人口也能在城市享有免费职业教育，那么中等职业教育作

为推进异地中考政策的突破口则可以实现稳妥地推进，既可以较好地解决农民工子女的就业问题，又有利于城市职业教育的发展。

大多数城市的职业教育资源相对宽松，对农民工子女具有一定的接纳能力。鼓励流入地向农民工子女开放中等职业教育，并使进入中等职业学校的贫困农民工子女平等享受职教助学金，增加他们“初中后”的选择机会。与此同时，充分发挥流入地所属成人教育组织的作用，根据城市发展需求和农民工子女的特点，有目的、有层次、有计划地开发教育资源，招收农民工子女就学，保证这部分农民工子女利用成人教育组织接受中等教育，为初中毕业后选择就业的农民工子女继续学习开辟一条通道。

5. 改革户籍制度，剥离附着于户籍上的各种福利与管理功能

户籍制度应该定位于其人口登记的功能，并逐步实行统一居民身份的一元户籍制度，向居住证方向进行过渡。打破户籍制度壁垒，在政策上保障农民工与城市市民在国民待遇上的一致性，降低农民工子女在城市入学的门槛，创造更多有利于农民工在劳动力市场向“上”流动的机会。同时，配套与户籍制度改革直接相关的制度，淡化包括劳动就业、子女入学、住房分配、社会保障等政策规定中对户口的特殊要求，逐步剥离附着于其上的其他各种功能，实现农业人口和非农业人口的主体平等。

6. 改革高考制度，形成中考、高考配套的政策体系

高中阶段教育与高等教育是紧密相关的。农民工子女进入普通高中学校在相当程度上是为了能够参加高考并接受高等教育。而根据当前的高考报名相关规定，考生必须在其户籍所在地才能报名，这使得农民工子女不得不回到原籍参加高考。由于各地所使用的教材不同，考试内容不同，导致农民工子女无法在短时间内适应原籍地的学习方式，这直接影响着高考成绩。

随着《国家中长期教育改革和发展规划纲要（2010—2020年）》提出要制定进城务工人员随迁子女义务教育后在当地参加升学考试的办法，高考制度改革也提上日程。据此，可以：

①以当地当年毕业生的数量为依据来分配招生指标，而非以户籍人口来计算。

②以其他更合理的替代性管理手段作为农民工子女在城市获得高考的

资格。如学籍年限和监护人的参保年限等。

③推进省际考试成绩认证，推动区域自主命题替代各省份自主命题。

当前全国共有18个省份实施高考自主命题，这在一定程度上造成了省际高考成绩缺乏可比性，也限制了跨省流动的农民工子女在外省参加高考的可能性。

首先，作为过渡，从制度设计上要允许跨省流动的农民工子女在流入城市参加其户籍地的高考；

其次，逐步探索高考的省际认证、区域联考与统考。相邻省份采用区域间共同命题，或对考试成绩进行标准化处理以实现考生成绩的可比性，推进高考成绩的省际认证制度，保障跨省流动的农民工子女能够在异地参加高考。

7. 创新高中阶段办学模式，建立完善高中阶段教育成本分担机制与投入机制

(1) 探索建立高中阶段教育成本分担机制，推进办学和投入主体多元化

推进办学体制改革，引导、扶持社会力量重点兴办高中阶段学校，吸收社会资金发展高中阶段教育。鼓励行业、企业兴办职业教育或与中等职业学校开展形式多样的联合办学，引导企业以场所、设备、师资、资金等资源参与学校专业建设、课程开发和教学与管理。

(2) 建立健全助学体系，保障困难家庭子女就读高中阶段教育学校

将助学贷款制度延伸推广到高中阶段教育，做好高中阶段学校国家助学金资助政策的实施工作。同时，积极发动社会力量捐资助学和多渠道筹集资金，设立助学基金，对品学兼优和经济困难的学生进行资助或补助。

(3) 建立和完善政府统筹、分级管理、以县（区）为主的高中阶段教育投入体制

以政府投入为主，多渠道筹集高中阶段教育发展资金，加大对高中阶段公办学校基本建设的资金投入，逐步增加对高中阶段的教育投入。从城市教育费附加、转移支付资金、城市建设配套费、政府贴息贷款、社会捐助等多渠道筹集高中阶段教育建设资金，积极化解学校债务，增强高中阶段学校的自我发展能力。

附录一

农民工子女相关政策规定

1. 城镇流动人口中适龄儿童、少年就学办法（试行）（1996 年）
2. 流动儿童少年就学暂行办法（1998 年）
3. 中国儿童发展纲要（2001—2010 年）（2001 年）
4. 国务院关于基础教育改革与发展的决定（2001 年）
5. 国务院办公厅关于做好农民进城务工就业管理和服务工作的通知（2003 年）
6. 国务院办公厅转发教育部等部门关于进一步做好进城务工就业农民子女义务教育工作意见的通知（2003 年）
7. 国务院关于进一步加强农村教育工作的决定（2003 年）
8. 财政部、劳动保障部、公安部、教育部、人口计生委关于将农民工管理等有关经费纳入财政预算支出范围有关问题的通知（2003 年）
9. 中共中央国务院关于进一步加强和改进未成年人思想道德建设的若干意见（2004 年）
10. 中共中央 国务院关于推进社会主义新农村建设的若干意见（2005 年）
11. 国务院关于解决农民工问题的若干意见（2006 年）
12. 教育部关于教育系统贯彻落实《国务院关于解决农民工问题的若干意见》的实施意见（2006 年）
13. 中华人民共和国义务教育法（修订）（2006 年）
14. 中共中央关于构建社会主义和谐社会若干重大问题的决定（2006 年）
15. 关于贯彻落实中央指示精神积极开展关爱农村留守流动儿童工作的通知（2007 年）
16. 高举中国特色社会主义伟大旗帜　为夺取全面建设小康社会新胜利而奋斗（2007 年）
17. 中共中央关于推进农村改革发展若干重大问题的决定（2008 年）
18. 国家中长期教育改革和发展规划纲要（2010—2020 年）（2010 年）
19. 中华人民共和国国民经济和社会发展第十二个五年规划纲要（2011 年）

1. 城镇流动人口中适龄儿童、少年就学办法（试行）（1996年）

1996年4月2日

第一章 总则

第一条 为了使城镇流动人口中适龄儿童、少年依法接受规定年限的义务教育，根据《中华人民共和国义务教育法》及其《实施细则》的规定，结合城镇流动人口的实际情况，制定本办法。

第二条 本办法所指城镇流动人口，是指在流入地从事务工经商等经济活动或其他社会活动，并持有流入地暂住户口的人员。

第三条 城镇流动人口中适龄儿童、少年，是指年满6至14周岁（或7至15周岁），有学习能力的子女或其他被监护人。

第四条 凡符合本办法第二、三条款的，流入地人民政府（市、区、镇，下同），要为流动人口中适龄儿童、少年创造条件，提供接受义务教育的机会。流入地教育行政部门，应具体承担城镇流动人口中适龄儿童、少年接受义务教育的管理职责。

第五条 城镇流动人口中适龄儿童、少年的家长或其他监护人，必须保证其适龄子女或其他被监护人接受规定年限的义务教育。

第六条 城镇流动人口中适龄儿童、少年户籍所在地教育行政部门，应建立严格的适龄儿童、少年流动管理制度。凡户籍所在地有监护条件的，必须在户籍所在地接受义务教育；户籍所在地没有监护条件的，流动期间在流入地接受义务教育。

第二章 就学

第七条 城镇流动人口中适龄儿童、少年的入学年龄，以流入地政府规定为准，其义务教育年限以户籍所在地政府规定为准。

第八条　城镇流动人口中适龄儿童、少年就学，应以在流入地全日制中小学借读为主。没有条件进入全日制中小学的，可以入各种形式的教学班、组，接受非正规教育。

第九条　城镇流动人口中适龄儿童、少年入学，应由其父母或其他监护人，持流入地暂住证，向流入地住所附近中小学提出申请，经学校同意后即可入学。如果入学申请不能被流入地住所附近中小学校接受，可向流入地教育行政部门或其指定的单位，提出申请，由教育行政部门，或其指定的单位，协调解决就学。

第十条　城镇流动人口中适龄儿童、少年因疾病或其他特殊情况，需要延缓入学或免予入学的，应由其父母或其他监护人，向流入地教育行政部门，或其指定的单位，提出申请，经允许可延缓入学或免予入学。

第三章　办学

第十一条　经流入地市、区人民政府批准，企事业组织、社会团体、其他社会组织及公民个人，可依本办法举办专门招收流动人口中适龄儿童、少年的学校或教学班、组。所需经费由办学者负责筹措。

第十二条　经流入地教育行政部门批准，城镇全日制中小学校，应利用现有校舍，聘请离退休教师或其他具备教师资格的人员，举办招收城镇流动人口适龄儿童、少年的附属教学班、组。

第十三条　教学班、组或附属教学班、组，可采取晚班、星期日班、寒暑假班等多种形式；小学可只开设语文、数学等课程，至少达到扫盲的程度。初中也可适当减少授课门类。

第十四条　专门招收城镇流动人口中适龄儿童、少年的学校或教学班、组，应贯彻执行国家的教育方针，保证教学质量，对经考试合格的学生，应发给相应的学业证明。

第四章　收费

第十五条　城镇流动人口中适龄儿童、少年在流入地接受教育，流入地学校或教学班、组，可以向其父母或其他监护人收取一定的费用。收费标准由学校或办学者根据教育培养成本提出方案，报请市、区教育行政部门和物价管理部门批准后执行。借读生收费，按流入地教育行政部门的规定执行。

第十六条　为城镇流动人口中适龄儿童、少年举办的学校或教学班、组不得以营利为目的，不得违反国家有关规定向学生乱收费。工商、税务等部门和街道，也不得向这类学校乱摊派。

第十七条　对家庭经济确有困难的学生，学校或办学者应酌情减免费用。

第五章　管理

第十八条　流入地市、区教育行政部门在同级人民政府领导下，具体负责管理、监督本行政区内流动人口中适龄儿童、少年的义务教育实施工作。公安、工商、劳动、物价等部门和街道办事处，应予以积极配合。

第十九条　流入地市、区教育行政部门，应为在校的流动人口中适龄儿童、少年设立临时学籍。临时学籍应记载学生的转进、转出、成绩、操行评语、健康状况、升级、休学、复学、毕业、结业等项目。学生升学或转走时，应由学校对临时学籍进行审核签章，由学生带至新转入学校。

第二十条　城镇流动人口中适龄儿童、少年的毕业和升学，参照流入地教育行政部门有关借读生的规定办理。

第二十一条　为城镇流动人口中适龄儿童、少年举办的学校或教学班、组，应于每学年初，将其入学情况通报给学生户籍所在地学区，学区应作为入学率统计。

第二十二条　流入地教育行政部门和学校，应维护就学的流动人口中适龄儿童、少年的正当权益，在奖惩、评优、申请加入少先队、共青团、参与文体活动等方面不得歧视。

第六章　罚则

第二十三条　城镇流动人口中适龄儿童、少年的父母或其他监护人，未按规定送其适龄子女或其他被监护人入学的，由流入地教育行政部门按照当地的义务教育有关规定予以处罚。

第二十四条　流入地市、区人民政府，有权对本行政区内违反规定乱收费的学校和教学班、组给予处罚，视具体情况没收违法收入、处以罚款，直至勒令停止办学。

第七章　附则

第二十五条　省、自治区、直辖市和计划单列市教育行政部门，应根据本办法，结合地区实际情况，制定具体实施办法。

第二十六条　本办法由国家教育委员会负责解释。

第二十七条　本办法自发布之日起实行。

2. 流动儿童少年就学暂行办法（1998年）

教基〔1998〕2号

1998年3月2日

第一条　为使流动儿童少年依法接受规定年限义务教育，根据《中华人民共和国义务教育法》及其《实施细则》的规定，结合流动儿童少年实际情况，制定本办法。

第二条　本办法所称流动儿童少年是指6至14周岁（或7至15周岁），随父母或其他监护人在流入地暂时居住半年以上有学习能力的儿童少年。

第三条　流动儿童少年常住户籍所在地人民政府应严格控制义务教育阶段适龄儿童少年外流。凡常住户籍所在地有监护条件的，应在常住户籍所在地接受义务教育；常住户籍所在地没有监护条件的，可在流入地接受义务教育。

第四条　流入地人民政府应为流动儿童少年创造条件，提供接受义务教育的机会。流入地教育行政部门应具体承担流动儿童少年接受义务教育的管理职责。流动儿童少年就学，应保证完成其常住户籍所在地人民政府规定的义务教育年限，有条件的地方，可执行流入地人民政府的有关规定。

第五条　流动儿童少年常住户籍所在地人民政府和流入地人民政府要互相配合，加强联系，共同做好流动儿童少年接受义务教育工作。流动儿童少年常住户籍所在地乡级人民政府、县级教育行政部门、学校和公安派出所应建立流动儿童少年登记制度。流入地中小学应为在校流动儿童少年建立临时学籍。

第六条　流动儿童少年父母或其他监护人应按流入地人民政府规定，送子女或其他被监护人入学，接受并完成规定年限义务教育。

第七条　流动儿童少年就学，以在流入地全日制公办中小学借读为主，也可入民办学校、全日制公办中小学附属教学班（组）以及专门招收流动儿童少年的简易学校接受义务教育。

第八条　流动儿童少年在流入地接受义务教育的，应经常住户籍所在地的县级教育行政部门或乡级人民政府批准，由其父母或其他监护人，按流入地人民政府和教育行政部门有关规定，向住所附近中小学提出申请，经学校同意后办理借读手续。或到流入地教育行政部门提出申请，由教育行政部门协调解决。

第九条　经流入地县级以上人民政府教育行政部门审批，企业事业组织、社会团体、其他社会组织及公民个人，可依法举办专门招收流动儿童少年的学校或简易学校。办学经费由办学者负责筹措，流入地人民政府和教育行政部门应予以积极扶持。简易学校的设立条件可酌情放宽，允许其租赁坚固、适用的房屋为校舍。

第十条　经县（市、区）教育行政部门批准，流入地全日制公办中小学可利用学校校舍和教育设施，聘请离退休教师或其他具备教师资格人员，举办专门招收流动儿童少年的附属教学班（组）。

第十一条　招收流动儿童少年就学的全日制公办中小学，可依国家有关规定按学期收取借读费。借读费标准按国家教育委员会、国家计划委员会、财政部联合颁发的《义务教育学校收费管理暂行办法》执行。

第十二条　专门招收流动儿童少年的学校、简易学校和全日制公办中小学附属教学班（组）收费项目和标准按国务院发布的《社会力量办学条例》中的有关规定执行。

第十三条　凡招收流动儿童少年就学的学校和全日制公办中小学附属教学班（组），均不得以营利为目的，不得违反国家有关规定乱收费、高收费。对家庭经济困难的学生应酌情减免费用。

第十四条　流入地教育行政部门和学校应维护就学流动儿童少年的正

当权益，在奖励、评优、申请加入少先队、共青团、参加校内外活动等方面不得歧视。

第十五条　专门招收流动儿童少年的学校和全日制公办中小学附属教学班（组），应贯彻国家教育方针，努力提高教育质量。对完成学业，经考试合格的学生，应按流入地有关规定，发给相应的毕业证书或证明。

第十六条　流入地教育行政部门应对专门招收流动儿童少年的学校和全日制公办中小学附属教学班（组）教育教学工作进行指导和监督。

第十七条　违反本办法规定的，由流入地人民政府责令限期改正。对责任人员，由其所在单位或上级机关给予行政处分。

第十八条　省、自治区、直辖市人民政府可根据《流动儿童少年就学暂行办法》，结合本地区实际情况，制定具体实施办法。

第十九条　本办法自公布之日起施行。

3. 中国儿童发展纲要（2001—2010年）（2001年）

（国务院2001年5月22日发布）

总目标

……

3. 社会保障和服务。

进一步完善医疗保障制度，确保儿童享有基本卫生医疗和保健服务。

——健全农村初级卫生保健服务体系，因地制宜发展合作医疗以及多种形式的健康保障制度，提高儿童保健水平和抵御疾病风险的能力。

——多渠道设立贫困家庭的疾病救助基金，帮助特困家庭孕产妇和儿童获得必要的医疗救助。加强对弃婴和孤儿的医疗救助。对城市流动人口中的孕产妇、儿童逐步实行保健管理。

……

二、儿童与教育

保障儿童受教育权利，提高儿童受教育水平。

（一）主要目标。

1. 全面普及九年义务教育，保障所有儿童受教育的权利。

——小学适龄儿童净入学率达到99%左右，小学5年巩固率提高到95%左右。

——初中毛入学率达到95%左右。

——发展特殊教育。

——流动人口中的儿童基本能接受九年义务教育。

2. 适龄儿童基本能接受学前教育。

——发展0—3岁儿童早期教育。

——大中城市和经济发达地区适龄儿童基本能接受学前3年教育，农村儿童学前1年受教育率有较大提高。

3. 有步骤地普及高中阶段教育。

——全国高中阶段毛入学率达到80%以上，大中城市和经济发达地区普及高中阶段教育。

4. 提高教育质量和效益。

——建立适应21世纪需要的现代化基础教育课程体系。

——改革考试评价制度。

5. 提高家庭教育水平。

——建立多元化的家长学校办学体制，增加各类家长学校的数量。

——提高儿童家长家庭教育知识的知晓率。

（二）策略措施。

1. 国家宏观政策。

……

2. 法律和部门政策。

……

——切实保障残疾儿童、孤儿和流动人口中儿童受教育的权利。使残疾儿童与其他儿童同步接受义务教育；贯彻落实孤儿就学的有关优惠政策；完善流动人口中儿童就学制度；根据国家推进城镇化的要求，做好教育规划，满足农村适龄儿童向城镇转移后的就学需要。

4. 国务院关于基础教育改革与发展的决定（2001 年）

国发〔2001〕21 号

2001 年 5 月 29 日

改革开放以来，我国基础教育取得了辉煌成就。基本普及九年义务教育和基本扫除青壮年文盲（简称“两基”）的目标初步实现，素质教育全面推进。但我国基础教育总体水平还不高，发展不平衡，一些地方对基础教育重视不够。进入新世纪，基础教育面临着新的挑战，改革与发展的任务仍十分艰巨。

为了切实贯彻《中华人民共和国教育法》、《中华人民共和国义务教育法》、《中华人民共和国教师法》、《中华人民共和国未成年人保护法》等有关法律，实施《中华人民共和国国民经济和社会发展第十个五年计划纲要》，全面贯彻党的教育方针，大力推进基础教育的改革和健康发展，特作如下决定。

一、确立基础教育在社会主义现代化建设中的战略地位，坚持基础教育优先发展

……

二、完善管理体制，保障经费投入，推进农村义务教育持续健康发展

……

12. 针对薄弱环节，采取有力措施，巩固普及九年义务教育成果。

地方各级人民政府要把农村初中义务教育作为普及九年义务教育巩固提高的重点，努力满足初中学龄人口高峰期的就学需求，并采取措施切实降低农村初中辍学率。将残疾儿童少年的义务教育作为普及九年义务教育巩固提高工作的重要任务。**要重视解决流动人口子女接受义务教育问题，以流入地区政府管理为主，以全日制公办中小学为主，采取多种形式，依**

法保障流动人口子女接受义务教育的权利。继续抓好农村女童教育。

……

5. 国务院办公厅关于做好农民进城务工就业管理和服务工作的通知（2003 年）

国办发〔2003〕1 号

2003 年 1 月 5 日

各省、自治区、直辖市人民政府，国务院各部委、各直属机构：

党中央、国务院高度重视农民进城务工就业问题，各地区、各有关部门也为促进农民工的合理流动，采取了多种措施，做了大量工作。但是当前在一些地方，农民进城务工就业仍然受到一些不合理限制，农民工的合法权益得不到有效保护，拖欠克扣工资、乱收费等现象严重。同时，农民进城务工就业使社会治安、城市管理等工作面临新的问题。为加强对农民进城务工就业的管理和服务，经国务院同意，现就有关问题通知如下：

……

六、多渠道安排农民工子女就学

要保障农民工子女接受义务教育的权利。流入地政府应采取多种形式，接收农民工子女在当地的全日制公办中小学入学，在入学条件等方面与当地学生一视同仁，不得违反国家规定乱收费，对家庭经济困难的学生要酌情减免费用。要加强对社会力量兴办的农民工子女简易学校的扶持，将其纳入当地教育发展规划和体系，统一管理。简易学校的办学标准和审批办法可适当放宽，但应消除卫生、安全等隐患，教师要取得相应任职资格。教育部门对简易学校要在师资力量、教学等方面给予积极指导，帮助完善办学条件，逐步规范办学，不得采取简单的关停办法，造成农民工子女失学。流入地政府要专门安排一部分经费，用于农民工子女就学工作。流出地政府要配合流入地政府安置农民工子女入学，对返回原籍就学的，当地学校应当无条件接收，不得违规收费。

七、加强对农民工的管理

……

6. 国务院办公厅转发教育部等部门关于进一步做好进城务工就业农民子女义务教育工作意见的通知（2003年）

国办发〔2003〕78号

2003年9月17日

各省、自治区、直辖市人民政府，国务院各部委、各直属机构：

教育部、中央编办、公安部、发展改革委、财政部、劳动保障部《关于进一步做好进城务工就业农民子女义务教育工作的意见》已经国务院同意，现转发给你们，请认真贯彻执行。

国务院办公厅

二〇〇三年九月十七日

关于进一步做好进城务工就业农民子女义务教育工作的意见

教育部　中央编办　公安部　发展改革委　财政部　劳动保障部

（2003年9月13日）

随着我国城市化进程不断加快，进城务工就业农民子女义务教育问题日益突出。为贯彻落实《国务院关于进一步加强农村教育工作的决定》（国发〔2003〕19号）精神，现就进一步做好进城务工就业农民子女义务教育工作有关问题提出如下意见：

一、做好进城务工就业农民子女义务教育工作，是实践“三个代表”

重要思想的具体体现，是贯彻落实《中华人民共和国义务教育法》、推动城市建设和发展、推进农村富余劳动力转移以及维护社会稳定的需要，是各级政府的共同责任。各级政府要以强烈的政治责任感，认真扎实地做好这项工作。

二、进城务工就业农民流入地政府（以下简称流入地政府）负责进城务工就业农民子女接受义务教育工作，以全日制公办中小学为主。地方各级政府特别是教育行政部门和全日制公办中小学要建立完善保障进城务工就业农民子女接受义务教育的工作制度和机制，使进城务工就业农民子女受教育环境得到明显改善，九年义务教育普及程度达到当地水平。

三、流入地政府要制定有关行政规章，协调有关方面，切实做好进城务工就业农民子女接受义务教育工作。教育行政部门要将进城务工就业农民子女义务教育工作纳入当地普及九年义务教育工作范畴和重要工作内容，指导和督促中小学认真做好接收就学和教育教学工作。公安部门要及时向教育行政部门提供进城务工就业农民适龄子女的有关情况。发展改革部门要将进城务工就业农民子女义务教育纳入城市社会事业发展计划，将进城务工就业农民子女就学学校建设列入城市基础设施建设规划。财政部门要安排必要的保障经费。机构编制部门要根据接收进城务工就业农民子女的数量，合理核定接收学校的教职工编制。劳动保障部门要加大对《禁止使用童工规定》（国令第364号）贯彻落实情况的监督检查力度，依法查处使用童工行为。价格主管部门要与教育行政部门等制订有关收费标准并检查学校收费情况。城市人民政府的社区派出机构负责动员、组织、督促本社区进城务工就业农民依法送子女接受义务教育，对未按规定送子女接受义务教育的父母或监护人进行批评教育，并责令其尽快送子女入学。

四、充分发挥全日制公办中小学的接收主渠道作用。全日制公办中小学要充分挖掘潜力，尽可能多地接收进城务工就业农民子女就学。要针对这部分学生的实际，完善教学管理办法，做好教育教学工作。在评优奖励、入队入团、课外活动等方面，学校要做到进城务工就业农民子女与城市学生一视同仁。学校要加强与进城务工就业农民子女学生家庭联系，及时了解学生思想、学习、生活等情况，帮助他们克服心理障碍，尽快适应新的学习环境。

五、建立进城务工就业农民子女接受义务教育的经费筹措保障机制。

流入地政府财政部门要对接收进城务工就业农民子女较多的学校给予补助。城市教育费附加中要安排一部分经费，用于进城务工就业农民子女义务教育工作。积极鼓励机关团体、企事业单位和公民个人捐款、捐物，资助家庭困难的进城务工就业农民子女就学。

六、采取措施，切实减轻进城务工就业农民子女教育费用负担。流入地政府要制订进城务工就业农民子女接受义务教育的收费标准，减免有关费用，做到收费与当地学生一视同仁。要根据学生家长务工就业不稳定、住所不固定的特点，制订分期收取费用的办法。通过设立助学金、减免费用、免费提供教科书等方式，帮助家庭经济困难的进城务工就业农民子女就学。对违规收费的学校，教育行政部门等要及时予以查处。

七、进城务工就业农民流出地政府（以下简称流出地政府）要积极配合流入地政府做好外出务工就业农民子女义务教育工作。流出地政府要建立健全有关制度，做好各项服务工作，禁止在办理转学手续时向学生收取费用。建立并妥善管理好外出学生的学籍档案。在进城务工就业农民比较集中的地区，流出地政府要派出有关人员了解情况，配合流入地加强管理。外出务工就业农民子女返回原籍就学，当地教育行政部门要指导并督促学校及时办理入学等有关手续，禁止收取任何费用。

八、加强对以接收进城务工就业农民子女为主的社会力量所办学校的扶持和管理。各地要将这类学校纳入民办教育管理范畴，尽快制订审批办法和设置标准，设立条件可酌情放宽，但师资、安全、卫生等方面的要求不得降低。要对这类学校进行清理登记，符合标准的要及时予以审批；达不到标准和要求的要限期整改，到期仍达不到标准和要求的要予以取消，并妥善安排好在校学生的就学。要加强对这类学校的督导工作，规范其办学行为，促进其办学水平和教育质量的提高。地方各级政府特别是教育行政部门要对这类学校给予关心和帮助，在办学场地、办学经费、师资培训、教育教学等方面予以支持和指导。对办学成绩显著的要予以表彰。

九、加强宣传引导，营造全社会关心和支持进城务工就业农民子女义务教育工作的良好氛围。地方各级政府要及时总结工作经验，改进工作方法，广泛动员全社会关心支持进城务工就业农民子女义务教育工作。要将保障进城务工就业农民子女义务教育工作作为城市精神文明建设的一项重要内容，充分发挥各种宣传媒体的作用，宣传各级政府及有关部门制定的方针政策、工作规划、办法措施和实际工作中取得的成绩和经验。

7. 国务院关于进一步加强农村教育工作的决定（2003年）

国发〔2003〕19号

2003年9月17日

各省、自治区、直辖市人民政府，国务院各部委、各直属机构：

为认真贯彻落实党的十六大精神，加快农村教育发展，深化农村教育改革，促进农村经济社会和城乡协调发展，现就进一步加强农村教育工作特作如下决定。

一、明确农村教育在全面建设小康社会中的重要地位，把农村教育作为教育工作的重中之重

……

二、加快推进“两基”攻坚，巩固提高普及义务教育的成果和质量

……

三、坚持为“三农”服务的方向，大力发展职业教育和成人教育，深化农村教育改革

……

14. 加大城市对农村教育的支持和服务，促进城市和农村教育协调发展。**城市各级政府要坚持以流入地政府管理为主、以公办中小学为主，保障进城务工就业农民子女接受义务教育**。城市职业学校要扩大面向农村的招生规模，到2007年争取年招生规模达到350万人。城市各类职业学校和培训机构要积极开展进城务工就业农民的职业技能培训。要积极推进城市与农村、东部与西部职业学校多种形式的合作办学，不断扩大对口招生规模。城市和东部地区要对农村家庭经济困难的学生适当减免学费并为学生就业提供帮助，促进农村新增劳动力转移。各大中城市要充分发挥教育

资源的优势，加大对农村教育的帮助和服务。

8. 财政部、劳动保障部、公安部、教育部、人口计生委关于将农民工管理等有关经费纳入财政预算支出范围有关问题的通知（2003年）

财预〔2003〕561号

2003年12月25日

各省、自治区、直辖市、计划单列市财政厅（局）、劳动保障厅（局）、公安厅（局）、教育厅（局）、人口计生委：

根据《中共中央、国务院关于做好农业和农村工作的意见》（中发〔2003〕3号）的精神，为进一步做好农民进城务工就业的管理与服务工作，保障有关部门用于农民工管理和服务的必要经费，现就有关问题通知如下：

一、充分认识农民工管理和服务工作的重要意义

……

二、建立农民工管理和服务工作的经费保障机制

……

三、改革警力配置方式，推进流动人口社会化管理

……

四、逐步推进农民工就业管理服务工作

……

五、提供方便、快捷的计划生育服务

……

六、保障农民工子女享受义务教育的权利

各地教育行政部门要配合政府有关部门认真贯彻执行《国务院办公厅转发教育部等部门关于进一步做好进城务工就业农民子女义务教育工作意

见的通知》（国办发〔2003〕78号）精神，建立并完善保障进城务工就业农民子女义务教育的工作制度和经费筹措保障机制。教育行政部门要将进城务工就业农民子女义务教育工作纳入当地普及九年义务教育工作范畴，充分发挥全日制公办中小学的接收主渠道作用，加强对接收进城务工就业农民子女义务教育为主的社会力量所办学校的扶持和管理，指导和督促中小学认真做好接收就学和教育教学工作。积极采取措施，切实减轻进城务工就业农民子女教育费用负担，做到收费与当地学生一视同仁。

9. 中共中央国务院关于进一步加强和改进未成年人思想道德建设的若干意见（2004年）

中发〔2004〕8号

2004年2月26日

为深入贯彻落实党的十六大精神，适应新形势、新任务的要求，全面提高未成年人的思想道德素质，现就进一步加强和改进未成年人思想道德建设，提出如下意见。

……

五、重视和发展家庭教育

……

（十四）党政机关、企事业单位和社区、村镇等城乡基层单位，要关心职工、居民的家庭教育问题，教育引导职工、居民重视对子女特别是学龄前儿童的思想启蒙和道德品质培养，支持子女参与道德实践活动。注意加强对成年人的思想道德教育，引导家长以良好的思想道德修养为子女作表率。要把家庭教育的情况作为评选文明职工、文明家庭的重要内容。**特别要关心单亲家庭、困难家庭、流动人口家庭的未成年子女教育，为他们提供指导和帮助。**

要高度重视流动人口家庭子女的义务教育问题。进城务工就业农民流入地政府要建立和完善保障进城务工就业农民子女接受义务教育的工作制度和机制。流出地政府要积极配合做好各项服务工作。民政部门及其所属的儿童福利机构和流浪儿童救助保护机构，要按照《中华人民共和国未成年人保护法》等有关法律法规的要求，做好孤残儿童合法权益的保护工作和流浪儿童的救助保护工作。

10. 中共中央 国务院关于推进社会主义新农村建设的若干意见（2005 年）

中发〔2006〕1 号

2005 年 12 月 31 日

……

三、促进农民持续增收，夯实社会主义新农村建设的经济基础

……

（12）保障务工农民的合法权益。进一步清理和取消各种针对务工农民流动和进城就业的歧视性规定和不合理限制。建立健全城乡就业公共服务网络，为外出务工农民免费提供法律政策咨询、就业信息、就业指导和职业介绍。严格执行最低工资制度，建立工资保障金等制度，切实解决务工农民工资偏低和拖欠问题。完善劳动合同制度，加强务工农民的职业安全卫生保护。逐步建立务工农民社会保障制度，依法将务工农民全部纳入工伤保险范围，探索适合务工农民特点的大病医疗保障和养老保险办法。**认真解决务工农民的子女上学问题**。

11. 国务院关于解决农民工问题的若干意见（2006 年）

国发〔2006〕5 号

2006 年 3 月 27 日

……

七、切实为农民工提供相关公共服务

（二十）把农民工纳入城市公共服务体系。输入地政府要转变思想观念和管理方式，对农民工实行属地管理。要在编制城市发展规划、制定公共政策、建设公用设施等方面，统筹考虑长期在城市就业、生活和居住的农民工对公共服务的需要，提高城市综合承载能力。要增加公共财政支出，逐步健全覆盖农民工的城市公共服务体系。

（二十一）保障农民工子女平等接受义务教育。输入地政府要承担起农民工同住子女义务教育的责任，将农民工子女义务教育纳入当地教育发展规划，列入教育经费预算，以全日制公办中小学为主接收农民工子女入学，并按照实际在校人数拨付学校公用经费。城市公办学校对农民工子女接受义务教育要与当地学生在收费、管理等方面同等对待，不得违反国家规定向农民工子女加收借读费及其他任何费用。输入地政府对委托承担农民工子女义务教育的民办学校，要在办学经费、师资培训等方面给予支持和指导，提高办学质量。输出地政府要解决好农民工托留在农村子女的教育问题。

……

12. 教育部关于教育系统贯彻落实《国务院关于解决农民工问题的若干意见》的实施意见（2006 年）

教职成〔2006〕6 号

2006 年 5 月 17 日

各省、自治区、直辖市教育厅（教委），各计划单列市教育局，新疆生产建设兵团教育局：

为贯彻落实《国务院关于解决农民工问题的若干意见》，动员教育系统组织各类职业学校、成人学校（以下简称职成学校）、培训机构、社区学校和中小学校，积极开展农民工职业技能培训、保障农民工子女平等接受义务教育，提出如下意见。

一、充分认识农民工工作的重大意义

……

二、进一步加强农民工职业技能培训工作

……

三、大力发展面向农村的职业教育

……

四、保障农民工子女平等接受义务教育

13. 农民工输入地教育行政部门要将农民工子女义务教育纳入当地教育规划之中，根据本地农民工子女输入情况，合理配置公办义务教育资源，充分挖掘公办学校潜力，保证以公办学校为主接收农民工子女就学，确保农民工子女义务教育的普及程度达到当地水平。

14. 农民工输入地教育行政部门要按就近免试入学的原则，安排农民工子女就读公办学校。凡经教育行政部门安排进入公办学校学习的农民工子女，一律按照当地政府规定的项目和标准收费，不得加收借读费及其他任何费用。要将家庭经济困难的农民工子女纳入“两免一补”的范围。

15. 教育部门要会同财政等部门，将农民工子女义务教育经费纳入教育经费预算，并按当地财政预算内义务教育经费标准，向接收农民工子女的公办学校拨付办学经费。积极鼓励社会各界对农民工子女义务教育开展捐助。

16. 农村劳动力输出规模大的地方人民政府要把做好农村“留守儿童”教育工作与农村寄宿制学校建设结合起来，满足包括“留守儿童”在内的广大农民子女寄宿需求。教育行政部门和学校要充分调动各方面力量，建立农村“留守儿童”教育和监护体系。针对农村“留守儿童”的实际，开设生存教育、安全与法制教育、心理健康教育等方面的地方和校本课程，帮助他们学会自我管理、自我保护和自我调节。

17. 加强对民办农民工子女学校的扶持和管理，将其纳入民办学校的管理范畴。教育行政部门对这类民办学校要给予特殊的关心和帮助，会同有关部门在办学场地、办学经费、师资培训、教育教学等方面给予积极的支持和指导。对于不符合设置标准的民办农民工子女学校，要限期整改；对师资队伍素质较差、安全卫生等方面存在严重隐患的，要尽快予以取消，并妥善安排好在校学生就学。有条件的地方，可以建立有效机制，委托符合设置标准的民办学校对农民工子女实施义务教育。

五、加强领导，认真做好农民工工作

……

21. 建立、完善农民工工作报告制度。一是坚持和完善农村劳动力转移培训半年报制度。自2004年下半年开始的农村劳动力转移培训（含农民工培训）半年报制度，对转移培训产生了积极影响，今后各地要继续坚持做好这项工作；二是建立农民工子女义务教育年度报告制度。从2006年起，各省级教育行政部门要报告流入地保障农民工子女平等接受义务教育情况和做好“留守儿童”教育工作情况。具体要求另行文通知。

……

13. 中华人民共和国义务教育法（修订）
（2006 年）

（1986 年 4 月 12 日第六届全国人民代表大会第四次会议通过 2006 年 6 月 29 日第十届全国人民代表大会常务委员会第二十二次会议修订　2006 年 6 月 29 日中华人民共和国主席令第五十二号公布　自 2006 年 9 月 1 日起施行）

第一章　总则

第一条　为了保障适龄儿童、少年接受义务教育的权利，保证义务教育的实施，提高全民族素质，根据宪法和教育法，制定本法。

第二条　国家实行九年义务教育制度。

义务教育是国家统一实施的所有适龄儿童、少年必须接受的教育，是国家必须予以保障的公益性事业。

实施义务教育，不收学费、杂费。

国家建立义务教育经费保障机制，保证义务教育制度实施。

第三条　义务教育必须贯彻国家的教育方针，实施素质教育，提高教育质量，使适龄儿童、少年在品德、智力、体质等方面全面发展，为培养有理想、有道德、有文化、有纪律的社会主义建设者和接班人奠定基础。

第四条　凡具有中华人民共和国国籍的适龄儿童、少年，不分性别、民族、种族、家庭财产状况、宗教信仰等，依法享有平等接受义务教育的权利，并履行接受义务教育的义务。

第五条　各级人民政府及其有关部门应当履行本法规定的各项职责，保障适龄儿童、少年接受义务教育的权利。

适龄儿童、少年的父母或者其他法定监护人应当依法保证其按时入学接受并完成义务教育。

依法实施义务教育的学校应当按照规定标准完成教育教学任务，保证教育教学质量。

社会组织和个人应当为适龄儿童、少年接受义务教育创造良好的环境。

第二章　学生

第十二条　适龄儿童、少年免试入学。地方各级人民政府应当保障适龄儿童、少年在户籍所在地学校就近入学。

父母或者其他法定监护人在非户籍所在地工作或者居住的适龄儿童、少年，在其父母或者其他法定监护人工作或者居住地接受义务教育的，当地人民政府应当为其提供平等接受义务教育的条件。具体办法由省、自治区、直辖市规定。

县级人民政府教育行政部门对本行政区域内的军人子女接受义务教育予以保障。

14. 中共中央关于构建社会主义和谐社会若干重大问题的决定（2006年）

（2006年10月11日中国共产党第十六届中央委员会第六次全体会议通过）

中国共产党第十六届中央委员会第六次全体会议，全面分析了形势和任务，研究了构建社会主义和谐社会的若干重大问题，作出如下决定。

……

（四）坚持教育优先发展，促进教育公平。全面贯彻党的教育方针，大力实施科教兴国战略和人才强国战略，全面实施素质教育，深化教育改革，提高教育质量，建设现代国民教育体系和终身教育体系，保障人民享有接受良好教育的机会。坚持公共教育资源向农村、中西部地区、贫困地区、边疆地区、民族地区倾斜，逐步缩小城乡、区域教育发展差距，推动公共教育协调发展。明确各级政府提供教育公共服务的职责，保证财政性教育经费增长幅度明显高于财政经常性收入增长幅度，逐步使财政性教育经费占国内生产总值的比例达到4%。普及和巩固九年义务教育，落实农村义务教育经费保障机制，在农村并逐步在城市免除义务教育学杂费，全面落实对家庭经济困难学生免费提供课本和补助寄宿生生活费政策，**保障农民工子女接受义务教育**。加快发展城乡职业教育和培训网络，努力使劳动者人人有知识、个个有技能。保持高等院校招生合理增长，注重增强学生的实践能力、创造能力和就业能力、创业能力。完善高等教育和高中阶段国家奖学金、助学金制度，落实国家助学贷款政策，鼓励社会捐资助学。规范学校收费项目和标准，坚决制止教育乱收费。切实减轻中小学生课业负担。提高师资特别是农村师资水平。改进学校思想政治工作和管理工作，提高师生思想道德素质。引导民办教育健康发展。积极发展继续教育，努力建设学习型社会。

15. 关于贯彻落实中央指示精神积极开展关爱农村留守流动儿童工作的通知（2007年）

中共中央组织部　全国妇联　教育部　公安部
民政部　卫生部　共青团中央

妇字〔2007〕34号
2007年7月20日

各省、自治区、直辖市党委组织部、妇联、教育厅（教委）、公安厅（局）、民政厅（局）、卫生厅（局）、团委，新疆生产建设兵团党委组织部、妇联、教育局、公安局、民政局、卫生局、团委：

党中央、国务院高度重视农村留守流动儿童的健康成长，多次作出重要指示，强调要密切关注农村留守儿童等特殊儿童群体的权益保护，进一步加强部门协作，采取切实措施，为农村留守流动儿童创造健康成长的良好环境。为贯彻落实中央指示精神，进一步发挥各级党组织、政府部门及群团组织在推动农村留守流动儿童工作中的积极作用，促进农村留守流动儿童问题的有效解决，特做如下通知。

一、充分认识做好农村留守流动儿童工作的重要性

……

二、认真做好农村留守流动儿童的教育管理工作

各地教育行政部门要按照《义务教育法》的要求，尽快制定保障农村留守流动儿童平等接受义务教育的法规、政策。农民工输入地要坚持以公办学校为主接收农民工子女接受义务教育，降低入学门槛，简化入学手续，收费与当地学生平等对待，不得违反国家规定向农民工子女加收借读费及其他任何费用，保证他们进入城市后能够尽快入学接受义务教育。要建立农民工子女义务教育经费保障机制，将农民工子女教育经费全面纳入公共财政保障范围，按照学校实际在校人数拨付公用经费。要加强接收农民工子女公办学校的基础设施建设，将中小学校新建和布局调整工作与接纳农民工子女就学统筹考虑，协调发展。农民工输出地教育行政部门要积极配合当地政府，建立教育、公安、司法、妇联等有关部门分工协作的教育管护工作机制。要结合“农村寄宿制学校建设工程”和“中西部农村初中改造工程”的实施，加强寄宿制学校建设，优先满足留守儿童的寄宿学习需求，并努力为他们提供良好的学习、生活和监护条件。在核实教师编制和核拨教育经费时，要对接收留守儿童较多的学校给予倾斜。要建立留守儿童动态监测机制和档案库，及时掌握、分析留守儿童的学习、生活情况。鼓励学校组织教师、学生与留守儿童建立帮扶制度，特别要重点帮扶思想品德有偏差、心理素质有异常、学习生活有困难的留守儿童。要根据农村留守儿童实际，开发有关校本课程，加强自我保护、安全、法制、心理健康等方面的教育。

三、着力加强农村留守流动儿童的户籍管理与权益保护

各级公安部门要把加强对农村留守流动儿童的管理与保护纳入自身的工作职责，在总结实践经验的基础上，积极推进户籍制度改革，建立和完善优秀农民工及其配偶、子女的落户政策。要完善暂住户口登记，探索建立居住证制度，逐步实现居住证持有人在子女接受义务教育等方面与当地常住户口居民享有同等待遇。要充分发挥社区和驻村民警密切联系群众的工作优势，及时摸清辖区留守流动儿童底数，为有关部门开展义务教育、

卫生保健、社会救助等方面的服务提供依据。要加大综合整治力度，积极预防和严厉打击侵害农村留守流动儿童合法权益的违法犯罪活动。要配合有关部门做好宣传教育工作，强化对农村留守流动儿童的法制观念、安全防范知识等方面的教育和引导，切实提高他们的维权意识和能力。

四、积极完善农村留守流动儿童救助保障机制

各级民政部门要加强对农村留守流动儿童及其家庭困难状况的调查研究，出台相关政策，切实保障特殊困难农村留守流动儿童获得应有的社会救助。要充分发挥乡镇（街道）基层组织、村（居）民自治组织、民政助理员和社会热心人士的作用，加强对农村留守儿童特别是有过流浪经历的留守儿童的关爱和保护。要完善跟踪回访制度，及时发现并帮助农村留守流动儿童解决生活、学习上的困难。建立和实施农村最低生活保障制度，要将符合条件的留守儿童全部纳入低保范围，符合五保供养条件的留守儿童，要为其提供五保供养服务，符合当地规定的农村医疗救助条件的留守儿童，要对其及时进行医疗救助，有效解决困难农村留守儿童的看病难看病贵问题。要联合有关部门，在城乡社区建设和社区服务中，为农村留守流动儿童及其家庭提供有针对性的指导和服务。要加强流浪未成年人救助保护工作。对农村留守儿童，采取必要的预防、干预措施，防止其外出流浪。对已经外出流浪的农村儿童，民政部门要给予及时救助，并在查清其家庭情况后，联系其监护人，将其护送返乡。有条件的地方，救助保护机构要对其进行集中管理和教育。要根据需要进行跟踪回访，尽量帮助他们解决生活上的困难，防止其再度外出流浪。

五、逐步推进农村留守流动儿童医疗保健服务

各级卫生行政部门要把加强对农村留守流动儿童的医疗保健，改善农村留守流动儿童的健康状况，作为当前妇幼卫生工作的重点之一。要加强调研、及时掌握农村留守流动儿童的健康状况，有针对性地研究出台相关政策，为留守流动儿童提供生长发育监测、营养指导、计划免疫、儿童常见病诊疗等基本的卫生保健服务。要根据农村留守流动儿童的营养状况，制定干预措施，组织编印科学实用、通俗易懂的宣传材料，开展儿童营养、喂养知识及常见疾病的预防等健康教育和咨询指导，通过提高父母和抚养人相关知识水平，降低营养不良发生率和营养不良性疾病发病率，改善留守流动儿童健康状况。要抓住全面推进新型农村合作医疗的有利契

机，确保农村留守流动儿童享有应有的基本医疗服务。

六、不断加大对农村留守流动儿童的关爱支持力度

各级妇联、共青团、少先队组织要增强政治责任感，充分发挥自身优势，积极开展关爱农村留守流动儿童行动，特别是妇联组织要切实担负起牵头农村留守流动儿童工作的重要责任，做好共享蓝天全国关爱农村留守流动儿童大行动的组织、协调和推进工作。要加强对农村留守流动儿童问题的调查研究和政策研究，为国家立法和出台相关政策提供科学依据。要以新修订的《未成年人保护法》的颁布实施为契机，加大宣传倡导力度，营造有利于留守流动儿童健康成长的良好氛围。要广泛动员社会各界，积极开展“代理妈妈”、“手拉手关爱留守儿童”、“留守小队”等关爱活动，加快“爱心之家”、“留守儿童托管中心”建设，推动构建留守儿童教育监护网络，逐步建立关爱留守流动儿童的长效机制。要进一步巩固发展各级各类家长学校，为农村留守流动儿童父母及监护人提供及时有效的指导与服务。继续推进儿童公益事业，多为农村留守流动儿童办实事办好事。要充分发挥各地法律援助服务机构的作用，切实维护农村留守流动儿童合法权益。

七、努力形成推进农村留守流动儿童工作的整体合力

农村留守流动儿童工作是一项重要的社会系统工程，需要发挥各方优势，做到资源共享、优势互补、协调配合、共同推进。各地、各有关部门要按照中央关于加强农村留守流动儿童工作的总体要求，针对农村留守流动儿童的突出问题，从各自职能出发，找准工作切入点，制定并落实相关规划，加大人、财、物投入，求真务实，扎实推进，把农村留守流动儿童工作切实落到实处。要进一步发挥有关协调机构和专题工作组的作用，加强各部门之间的信息沟通、资源整合和工作配合，形成推进农村留守流动儿童工作的整体合力。要推动建立农村留守流动儿童工作督查、评估和激励机制，注重总结推广基层创造的新鲜经验，及时表彰做出突出贡献的先进单位和个人，发挥先进典型的示范带动作用，凝聚全社会力量，共同为促进农村留守流动儿童的全面健康成长多做贡献。

八、切实加强党对做好农村留守流动儿童工作的领导

各级党组织要高度重视并切实加强对做好农村留守流动儿童工作的领导，积极支持各级政府及有关部门，研究出台相关法规和政策，建立健全

监测机制和监护网络。要依托妇联、共青团、少先队等群众组织，积极开展关爱农村留守流动儿童行动，加大社会宣传力度，营造有利于儿童成长的社会环境。要注意发挥基层党组织和广大党员在推进做好农村留守流动儿童工作中的积极作用。要把做好农村留守流动儿童工作作为巩固先进性教育活动成果，深化党组织和党员联系服务群众的重要渠道，把帮助解决农村留守流动儿童问题作为党组织帮助流动党员解决实际问题的重要措施，作为党员承诺、设岗定责的重要内容。农村基层组织活动场所要注意增加适应农村留守流动儿童需要的服务项目。农村党员干部现代远程教育节目，也要注意增加农村留守流动儿童喜闻乐见的内容。要广泛动员广大党员热情关心帮助农村留守流动儿童，与他们“手拉手”、结“对子”，为农村留守流动儿童办实事、献爱心。要把农村留守流动儿童工作成效作为考核基层党组织的一项重要内容，加强督查，总结经验，切实配合各有关部门把农村留守流动儿童工作做得扎扎实实，富有成效，为实现全面建设小康社会、加快构建社会主义和谐社会提供坚强的组织保证。

16. 高举中国特色社会主义伟大旗帜　为夺取全面建设小康社会新胜利而奋斗（2007 年）

——在中国共产党第十七次全国代表大会上的报告

胡锦涛

……

八、加快推进以改善民生为重点的社会建设

社会建设与人民幸福安康息息相关。必须在经济发展的基础上，更加注重社会建设，着力保障和改善民生，推进社会体制改革，扩大公共服务，完善社会管理，促进社会公平正义，努力使全体人民学有所教、劳有所得、病有所医、老有所养、住有所居，推动建设和谐社会。

（一）优先发展教育，建设人力资源强国。教育是民族振兴的基石，教育公平是社会公平的重要基础。要全面贯彻党的教育方针，坚持育人为本、德育为先，实施素质教育，提高教育现代化水平，培养德智体美全面发展的社会主义建设者和接班人，办好人民满意的教育。优化教育结构，促进义务教育均衡发展，加快普及高中阶段教育，大力发展职业教育，提高高等教育质量。重视学前教育，关心特殊教育。更新教育观念，深化教学内容方式、考试招生制度、质量评价制度等改革，减轻中小学生课业负担，提高学生综合素质。**坚持教育公益性质，加大财政对教育投入，规范教育收费，扶持贫困地区、民族地区教育，健全学生资助制度，保障经济困难家庭、进城务工人员子女平等接受义务教育**。加强教师队伍建设，重点提高农村教师素质。鼓励和规范社会力量兴办教育。发展远程教育和继续教育，建设全民学习、终身学习的学习型社会。

……

17. 中共中央关于推进农村改革发展若干重大问题的决定（2008 年）

（2008 年 10 月 12 日中国共产党第十七届中央委员会第三次全体会议通过）

……

三、大力推进改革创新，加强农村制度建设

……

（五）建立促进城乡经济社会发展一体化制度。尽快在城乡规划、产业布局、基础设施建设、公共服务一体化等方面取得突破，促进公共资源在城乡之间均衡配置、生产要素在城乡之间自由流动，推动城乡经济社会发展融合。统筹土地利用和城乡规划，合理安排市县域城镇建设、农田保护、产业聚集、村落分布、生态涵养等空间布局。统筹城乡产业发展，优化农村产业结构，发展农村服务业和乡镇企业，引导城市资金、技术、人才、管理等生产要素向农村流动。统筹城乡基础设施建设和公共服务，全面提高财政保障农村公共事业水平，逐步建立城乡统一的公共服务制度。统筹城乡劳动就业，加快建立城乡统一的人力资源市场，引导农民有序外出就业，鼓励农民就近转移就业，扶持农民工返乡创业。加强农民工权益保护，逐步实现农民工劳动报酬、子女就学、公共卫生、住房租购等与城镇居民享有同等待遇，改善农民工劳动条件，保障生产安全，扩大农民工工伤、医疗、养老保险覆盖面，尽快制定和实施农民工养老保险关系转移接续办法。统筹城乡社会管理，推进户籍制度改革，放宽中小城市落户条件，使在城镇稳定就业和居住的农民有序转变为城镇居民。推动流动人口服务和管理体制创新。扩大县域发展自主权，增加对县的一般性转移支付、促进财力与事权相匹配，增强县域经济活力和实力。推进省直接管理县（市）财政体制改革，优先将农业大县纳入改革范围。有条件的地方可依法探索省直接管理县（市）的体制。坚持走中国特色城镇化道路，发挥好大中城市对农村的辐射带动作用，依法赋予经济发展快、人口吸纳能力强的小城镇相应行政管理权限，促进大中小城市和小城镇协调发展，形成城镇化和新农村建设互促共进机制。积极推进统筹城乡综合配套改革试验。

18. 国家中长期教育改革和发展规划纲要（2010—2020年）（2010年）

……

第二章 战略目标和战略主题

（三）战略目标。到2020年，基本实现教育现代化，基本形成学习型社会，进入人力资源强国行列。

实现更高水平的普及教育。基本普及学前教育；巩固提高九年义务教育水平；普及高中阶段教育，毛入学率达到90%；高等教育大众化水平进一步提高，毛入学率达到40%；扫除青壮年文盲。新增劳动力平均受教育年限从12.4年提高到13.5年；主要劳动年龄人口平均受教育年限从9.5年提高到11.2年，其中受过高等教育的比例达到20%，具有高等教育文化程度的人数比2009年翻一番。

形成惠及全民的公平教育。坚持教育的公益性和普惠性，保障公民依法享有接受良好教育的机会。建成覆盖城乡的基本公共教育服务体系，逐步实现基本公共教育服务均等化，缩小区域差距。努力办好每一所学校，教好每一个学生，不让一个学生因家庭经济困难而失学。切实解决进城务工人员子女平等接受义务教育问题。保障残疾人受教育权利。

……

第四章　义务教育

（八）巩固提高九年义务教育水平。义务教育是国家依法统一实施、所有适龄儿童少年必须接受的教育，具有强制性、免费性和普及性，是教育工作的重中之重。注重品行培养，激发学习兴趣，培育健康体魄，养成良好习惯。到2020年，全面提高普及水平，全面提高教育质量，基本实现区域内均衡发展，确保适龄儿童少年接受良好义务教育。

巩固义务教育普及成果。适应城乡发展需要，合理规划学校布局，办好必要的教学点，方便学生就近入学。坚持以输入地政府管理为主、以全日制公办中小学为主，确保进城务工人员随迁子女平等接受义务教育，研究制定进城务工人员随迁子女接受义务教育后在当地参加升学考试的办法。建立健全政府主导、社会参与的农村留守儿童关爱服务体系和动态监测机制。加快农村寄宿制学校建设，优先满足留守儿童住宿需求。采取必要措施，确保适龄儿童少年不因家庭经济困难、就学困难、学习困难等原因而失学，努力消除辍学现象。

……

19. 中华人民共和国国民经济和社会发展第十二个五年规划纲要（2011年）

……

第二十章　积极稳妥推进城镇化

……

第二节　稳步推进农业转移人口转为城镇居民

对暂时不具备在城镇落户条件的农民工，要改善公共服务，加强权益保护。以流入地全日制公办中小学为主，保证农民工随迁子女平等接受义务教育，并做好与高中阶段教育的衔接。将与企业建立稳定劳动关系的农民工纳入城镇职工基本养老和医疗保险。建立农民工基本培训补贴制度，推进农民工培训资金省级统筹。多渠道多形式改善农民工居住条件，鼓励采取多种方式将符合条件的农民工纳入城镇住房保障体系。

……

附录二

各地农民工子女异地中考探索与实践报道案例索引表

序号	省(区、市):标题	来源/作者	日期	网址	提要
1	天津、新疆、福建：天津新疆福建等地城市高中段校门向农民工子女敞开	中国教育报/张宝敏、蒋夫尔、龙超凡	2007－05－22	http://www.wzer.net/view.asp?sID=16564	2005年5月，天津市教委要求全市各类中等职业学校面向农民工及其子女开展职业教育与职业培训，并招收初中毕业或具有同等学力的农民工子女入学。对农民工子女实行灵活、开放的教学制度和学籍管理制度，全年招生和办理录取手续，全年注册，推行学分制和弹性学制，学生可半工半读、工学交替，分阶段完成学业。 接受九年义务教育后的农民工子女可在新疆参加中考，无论是上普通高中还是中等职业学校，渠道都是畅通的，没有政策障碍。 从2007年起，在福建就读的农民工子女可直接报名参加中考，并可在本地完成高中学业。福建省教育厅正式下发的《普通初级中学学籍管理办法（试行）》是该省首次出台取消对外地户口限考的规定。

续表

序号	省(区、市):标题	来源/作者	日　期	网　址	提　　要
2	太原：山西太原市 2008 年中考政策公布中考进程表	山西青年报/田凤凤	2008－06－17	http://www.sx.china-news.com/2008－06－17/1/66034.html	需要在太原市普通高中、职业高中就读的符合“四证”（一年以上暂住证、家长婚育证明和原户籍所在地教育行政部门、乡（镇）或学校证明、家长工作单位证明）条件的外来务工人员子女可报考太原二中、十一中、十三中、十六中、十九中、二十中、二十一中、二十二中、二十四中、二十七中、二十九中、三十中、综合高中、外语科技中学、四十九中、五十二中、五十三中、五十四中、五十五中、五十六中、五十七中、五十八中、五十九中、六十中、六十一中、六十二中、六十三中、六十四中、六十五中、六十六中、六十七中、太大附中、中北附中、太原财贸学校和全部民办高中、职业高中、县（市、区）高中。在录取分数、收费等方面与太原市户籍考生同等对待。

续表

序号	省(区、市):标题	来源/作者	日　期	网　址	提　　要
3	辽宁：辽宁中考九成指标分配到校民工子女享同城待遇	中国教育报/刘玉	2010 - 04 - 13	http://youth.runsky.com/2010 - 04/13/content_3551602.htm	辽宁省农民工随迁子女在就学所在地参加中考，与城市学生享受同等待遇； 普通高中招收择校生要严格执行“三限”政策，择校生比例不得超过当年本校招生总数的30%，有条件的学校择校生招生比例要逐步降低。
4	沈阳：外地户口中考考生可在沈报名	辽沈晚报/高望	2006 - 03 - 23	http://news.qq.com/a/20090221/000194.htm	父母长期在我市工作，在我市居住地管区公安派出所登记注册，在我市初中就读的外地户口初中毕业生，称为外来毕业生。外来毕业生填写《沈阳市2006年中等学校招生考试照顾外地户口考生在沈报考申报表》，持户口所在地户口簿（原件）、我市居住地管区公安派出所证明及父母工作单位证明，经区、县（市）教育局、招考办审核，市招考办批准，可以在注册登记的派出所所在区、县（市）招考办报名。

续表

序号	省(区、市):标题	来源/作者	日　期	网　址	提　　要
5	哈尔滨：哈尔滨“市重点高中”拟收农民工子女	新晚报/高望	2007－12－14	http://www.hlje.net/class_jyxw/view.cfm?acid=7D81853C3B9C80746412829FCF8D2049&time=20071214	目前哈尔滨市重点高中已开通了几种渠道接收农民工子女。比如哈三中、省实验中学的宏志班每年都要接收品学兼优、家庭困难的非城市户口学生。从2006年开始，三中、九中敞门招收哈市10县的统招学生，分数低于哈市分数段。同时，允许具有临时户口或暂住证并有哈尔滨市初中学籍的外来务工人员子女报考省市重点高中民办公助校。 “农民工子女能否报考重点高中”的问题，近日已列入市教育局研究范畴，有关政策正在酝酿之中。据市教育局有关负责人说，哈尔滨市已考虑出台政策允许有初中学籍的外来务工人员子女报考市重点高中，使他们与城里孩子享受同等受教育的权利。
6	哈尔滨：农民工子女可报省市重点高中民办公助校	生活报/吕晓艳	2009－03－24	http://press.idoican.com.cn/detail/articles/2009032403461/	具有哈市临时户口或暂住证并有初中学籍的农民工子女，可以报考哈市的普通高中、职业高中、高师高职、民办高中及省市重点高中民办公助校。

续表

序号	省(区、市):标题	来源/作者	日　期	网　址	提　　要
7	齐齐哈尔：齐市平等受教育农民工子女允许报考省重点高中	黑龙江日报/高学冬	2008－04－05	http://www.hljdaily.com.cn/xw_jryw/system/2008/04/05/010143015.shtml	齐齐哈尔市教育局日前下发《关于进一步做好农民工子女义务教育工作的意见》。规定在齐市的农民工子女，不仅可以就近入学接受义务教育，而且在城市初中就读两年以上的农民工子女，毕业时允许报考省重点高中指令性计划、重点高中自费和一般高中。
8	大庆：今年中考农民工子女享受与本地人相同加分政策	大庆网/魏艳丽	2008－04－26	http://www.dqt.com.cn/readnews.php?id=228758	外省、市、县（含四县）农村户口、在我市市区义务教育学校借读的应届初中毕业生，可以在我市报考市区普通高中二类、三类招生学校。 具备报考资格的农民工子女，如果是艺术特长生，可以报考普通高中一类招生学校中的石油高中、二十三中学、第一中学等艺体特长招生学校。 农民工子女报考，应出具原籍户口簿、暂住证、务工证明、借读证明和在我市的借读学籍等相关证明。
9	延边：外地户口可以参加本地中考	延边晨报/作者不详	2007－04－02	http://www.ybnews.cn/news/newsyb/200704/28534.html	非本地户口的学生可以参加本地中考，且入学后的学费等收费标准与本地户口学生相同。但非本地户口的学生不能在本地参加高考，必须回户口所在地报名考试。

续表

序号	省(区、市):标题	来源/作者	日　期	网　址	提　　要
10	合肥：合肥市要求县区教育部门统筹安排农民工子女就读	安徽商报/胡霈霖	2009－07－10	http://www.xinhuanet.com/chinanews/2009－07/10/content_17055225.htm	2003 年，合肥市允许农民工随迁子女报考市级示范高中；2006 年在市区报考普通高中并被录取的肥东、肥西、长丰三县户口农民工随迁子女考生，享受市区户口考生同等待遇，学校不再收取借读费；2007 年农民工随迁子女考生报考志愿扩大到省示范高中，开全国先河。
11	合肥：合肥市"同城待遇"惠及农民工子女	安徽日报/许根宏、郑莉	2010－04－14	http://edu.anhuinews.com/system/2010/04/14/002801208.shtml	从 2006 年开始，对在市区报考普通高中并被录取的市辖三县户口农民工随迁子女考生，享受市区户口考生同等待遇，当年近 200 名考生受惠；2007 年，农民工随迁子女考生报考志愿扩大到省示范高中，1075 名三县户口农民工随迁子女考生全部免收借读费；2008 年考入省示范高中的人数达 582 人；2009 年外地户籍考生录取到普通高中 2282 人，其中省示范高中 730 人。
12	合肥：合肥 2010 年中考：外地户口报考占 22.78%	人民网安徽频道/蔡忠华、杨坤	2010－04－20	http://ah.people.com.cn/GB/channel2/15/201004/20/193412.html	流动人口子女可以报考省示范高中，符合条件的可以享受省示范高中指标到校生待遇。2008 年、2009 年，分别有 1861 名、2313 名流动人口子女考生被录取在省示范高中。

续表

序号	省(区、市):标题	来源/作者	日期	网址	提要
13	滁州：农民工子女可在就读地报考	皖东晨刊/曹建中	2010－03－29	http://press.idoican.com.cn/detail/articles/20100329515A038/	进城务工就业农民及其他流动人员子女，可以在流入地就读学校报名，并在流入地参加考试录取，也可以按本人意愿回户籍所在地报名参加考试录取。同时，我市在外省接受并完成义务教育的学生，自愿回来报考升学的，回户籍所在地报名，参加考试录取。
14	福建：榕初中生试行新学籍　农民工子女可参加当地中考	福州新闻网/许含宇	2008－03－31	http://news.fznews.com.cn/shehui/2008－3－31/200833160L－ZN6bWW221826_2.shtml	义务教育初中阶段学生因故在非户籍所在地申请借读，必须填写借读申请表，进城务工就业农民子女到流入地只需短期（一年以内）停留的，可允许借读。
15	福建：农民工子女可在闽上高中　建随迁子女学籍档案	光明日报/高建进	2010－03－05	http://www.zcom.com/rollnews/100417/	福建将探索实行进城务工人员随迁子女在流入地继续接受高中阶段教育的办法。制定《关于加强进城务工人员随迁子女入学后管理工作的意见》，建立进城务工人员随迁子女和留守儿童档案，通过全省中小学学籍统一联网管理，及时掌握学生的变动情况，确保进城务工人员随迁子女进得来、留得住、学得好。

续表

序号	省(区、市):标题	来源/作者	日期	网址	提要
16	福建：28 名四川籍学生昨在晋江参加四川高中会考	东南早报/黄祖祥	2010-06-27	http://qzxw.qzwb.com/gb/content/2010-06/27/content_3380168.htm	川闽两省首次尝试关于实行异地同步会考。 晋江市教育局于2009年秋季批准了荆山外来工子弟学校试办“川渝皖赣籍学生高中教学班”的申请。经四川省、安徽省、江西省、重庆市等地教育部门同意，该校与当地的相关学校签订合作办学协议书，学生的学籍寄放在户籍所在地合作中学，人则继续留在晋江念书，用的是老家的教材，教学也由合作中学派遣过来的教师执行，像“四川班”的学籍档案就建在四川省广安市华蓥蓝艺学校。而这些学生的高中会考、高考报名考试工作就由户籍所在地学校来完成。
17	赣州：普高职高招生计划确定农民工子女可就地参加中考	赣州晚报/作者不详	2010-03-27	http://zhongkao.6to23.com/zknews/zkdt/201003/3990.html	《赣州市2010年中招和学业水平考试工作补充规定》规定，2010年中考，进城务工农民工子女可在父母务工所在地就读学校报名并参加考试录取，也可按照本人意愿回户籍所在地报名参加考试录取。

续表

序号	省(区、市):标题	来源/作者	日　期	网　址	提　　要
18	赣州：赣州农民工子女可就地参加中考实现教育公平局部突破	江西省教育管理信息中心/作者不详	2010-05-04	http://www.jxedu.gov.cn/xbgzhd/xbzbft/2010/05/44791.html	凡外来务工、经商人员随迁子女只需出具父母在城市务工的工商营业执照或用工单位证明、暂住证、父母原籍户口本等证明材料，就可以到父母务工所在地的学校接受教育，并享有所在城市学校学生的同等待遇。当参加中考报名时，由各县（市、区）教育局派工作人员到各学校审核农民工子女入学或转学时提供的相关材料，审核合格的，由农民工子女就读的学校在规定的时间内，统一在本校为他们办理报名手续，不再需要农民工本人带上户口本、有关证明和学籍档案到县（市、区）中招办报名。 出台这项政策后，全市共有700余名农民工子女在父母务工所在地县（市、区）的学校报名参加中考。
19	烟台芝罘区：芝罘中考招生政策出台外地户口考生报名有新规	胶东在线/作者不详	2009-05-12	http://www.jiaodong.net/news/system/2009/05/12/010527314.shtml	外地户口的在读学生在能够保证高中三年内将户口迁入山东省的前提下，原则上可报考烟台四中和按成本收费的改制高中、民办高中。

续表

序号	省(区、市):标题	来源/作者	日　期	网　址	提　　要
20	湖州：湖州市区户籍在外地就读的初中毕业生中考报名办法	湖州市教育考试网/作者不详	2009－04－30	http://www.hzjyks.com/newsInfo.aspx?pkId=12403	报名应带物品： 1. 户籍证书（户口本或户籍管理中心出具的户籍证明）； 2. 学籍证书（义务教育证书或毕业学校学籍证明），毕业学校出具的综合素质测评表及体育平时成绩证明； 3. 符合加分条件的考生的加分证件或证明（均需原件）。
21	武汉：武汉今年中考招生七大变化	楚天都市报/李樵、邹永宁	2008－03－29	http://ctdsb.cnhubei.com/html/ctdsb/20080329/ctdsb301121.html	户籍在武汉市，学籍在外地，要求回武汉市升学的应届初中毕业生，持户口和相关证件到户口所在的区招考办单独报名；户籍在外地、进城务工人员的子女和其他借读生，由就读的学校或借读学校报名。 武汉市22所省、市级示范高中将招收263名宏志生，在汉就读的农民工子女也可申报宏志班，享受资助政策。

续表

序号	省(区、市):标题	来源/作者	日　期	网　址	提　　要
22	武汉：解读武汉市农民工子女入学政策	武汉教育信息网/作者不详	2005 - 08 - 31	http: //www. whjy. net/jtjy/jtxx/26687. shtml	户籍在外地、在武汉市就读的进城务工人员子女，若申请参加中考升学，可到现在就读学校报名参加武汉市毕业升学考试。 学生入学可凭暂住证及流出地相关证明材料到暂住地区教育局报名，然后到指定的公办中小学或经审批设置的社会力量办简易学校入学，办理学籍。
23	武汉：城乡孩子间的界限逐渐模糊——武汉市探索进城务工人员子女“融合教育”纪实	中国教育报/程墨、罗曼、邹永宁	2010 - 09 - 28	http: //news. cersp. com/JYSS/sJjxw/201009/17007. html	凡在武汉市初中就读并具有学籍的进城务工人员随迁子女，均可参加中考就读本市高中，并在招生考试、评优评先、综合素质评价以及优录政策等方面，与城市学生享受同等机会与待遇；在学籍管理方面，做到进城务工人员随迁子女“在册即在校、在校即在册”，实行学籍动态管理，只要班级有学额、学生符合入学条件，就允许随时插班；只要有正当理由，允许随时转学。对于长期在汉就读的进城务工人员随迁子女，学籍纳入武汉市正式学籍管理。

续表

序号	省(区、市):标题	来源/作者	日 期	网 址	提 要
24	广州：今年中考跨区报考户籍不受限	初中网/作者不详	2010－04－26	http://shanghai.chuzhong100.com/?action-viewnews-itemid-42419	“跨区生报考，户籍学籍不再受限”——这是今年广州中考政策调整后对“异地借读”生抛出的一个大礼包。不同的是，这只是单单局限于在广州各区内的“异地借读”，而在省内乃至跨省“异地借读”并没入列。 今年异地借读生有 11 类考生可享受到政策性照顾，与所在区（县级市）户籍和学籍的初中毕业生享同等条件报考。
25	广州：关于做好二〇一〇年广州市高中阶段学校招生考试报名工作的通知	广州市招生考试委员会	2010－03－02	http://www.gzzk.com.cn/zk/zskstz/201103/P020110303634110313757.doc	具备以下条件之一的异地借读生属政策性照顾借读生，经批准后，其报考范围与其学籍所在地具有该区（县级市）户籍和学籍的初中毕业生相同： 殡葬工人的适龄子女（其中一名）。须具备区、县级市以上民政局证明、监护人的广州市流动人员居住证或在有效期内的暂住证。 从事承担政府环卫作业工作服务连续两年以上的环卫临时工子女（其中一名）。须具备市环卫局发的《广州市市容环卫临时工子女入学证明》、监护人的广州市流动人员居住证或在有效期内的暂住证、有效劳动合同。

续表

序号	省(区、市):标题	来源/作者	日　期	网　址	提　要
26	海南：中考新变化：外省考生可在海南参加中考	南海网/作者不详	2010－04－02	http://www.xinhuanet.com/chinanews/2010－04/02/content_19413271.htm	户籍不在海南省的其他考生，必须同时具备以下条件，方可报名参加学业考试：（1）在海南省初三年级就读满一年的应届毕业生；（2）父亲或母亲至少有一方为在海南省就业的农民工或参加海南省经济建设的其他常住人员；（3）本人及父亲或母亲至少有一方具有海南省公安部门出具的暂住证件或暂住登记证明。
27	西安：西安中考今起报名　农民工子女可报考高中	华商报/拓峰、曹运静	2004－03－18	http://unn.people.com.cn/GB/14793/21791/2397186.html	农民工子女可报考高中： 报考普通高中、综合高中的考生为年龄不超过18周岁（1986年9月1日后出生）的初中毕业生或具有同等学力者。报考市属三所师范学校的考生年龄不超过18周岁，且仅限初中应届毕业生。报考普通中专、职高、成人中专的考生年龄不限，凡初级中学毕业或具有同等学力者均可报名。
28	西安：12类外地户口学生可在西安参加中考	西安日报/刘振	2010－03－28	http://www.fjzsksw.com/zhongkao/SHANXI/354977.shtml	在本市有较稳定工作和住所的务工农民的适龄子女，不具备西安市常住户口，但可以享受政策性照顾，持相关证明在各区县招生办报名参加中考，但不能报考职业技术学院和普通中专。

续表

序号	省(区、市):标题	来源/作者	日　期	网　址	提　　要
29	甘肃：甘肃农民工随迁子女城里上学将享受同等待遇	兰州日报/作者不详	2010－01－20	http://news.sina.com.cn/c/2010－01－20/150219508524.shtml	2010年研究制定农民工随迁子女完成义务教育学业后的升学考试办法，逐步实现农民工子女入学与城镇居民享有同等待遇。
30	兰州：传来好消息　农民工子女也可报考兰州市高中	新华网/王巧灵	2008－05－23	http://news.qq.com/a/20080523/001984.htm	户籍在本市农村，但随着打工父母在城市读书的初中生也可以报考。在城市四区有暂住证的本市初中应届生可报考城市四区普通高中。报考职业学校和民办高中的考生不受户籍限制。
31	乌鲁木齐：乌鲁木齐中考规定出台放开农民工子女报考	天山网/杜冠睿	2009－04－13	http://www.tianshannet.com.cn/news/content/2009－04/13/content_3952420.htm	2009年乌市首次明确规定了农民工子女可以参加乌鲁木齐地区的中考，条件是：户口不在乌市，但其父母均在乌市务工并在乌市教育局注册学籍的应届毕业生。

参考文献

1.《校长阅刊》编辑部．初中后教育：农民工子女就学遭遇制度性瓶颈［J］．校长阅刊，2007（5）．

2. 段成荣，孙玉晶．我国流动人口统计口径的历史变动［J］．人口研究，2006（4）．

3. 樊香兰，马丽．切实关注进城农民工子女教育问题［J］．中国农业教育，2008（4）．

4. 范先佐．进城务工就业农民子女的教育公平与制度保障［J］．河北师范大学学报，2007（1）．

5. 郭健美，赵建有，刘同芗．农民工子女高中阶段教育救助探析［J］．中国农业教育，2007（4）．

6. 亨利·M. 莱文．义务教育后的受教育权利：资助终身学习的教育券制度［J］．北京大学教育评论，2003（4）．

7. 贾波，王德清．农民工子女义务教育政策变迁［J］．福州党校学报，2008（3）．

8. 李强，雒建江．机会平等与代际公正——关于农民工子女教育问题的社会学分析［J］．沈阳大学学报，2007（4）．

9. 李永浮，等．2010年北京市流动人口预测［J］．地理研究，2006（1）．

10. 亓昕．北京未来流动人口预测方法探讨及发展趋势［J］．人口与经济，1999（3）．

11. 秦欣．北京流动儿童超过50万，委员呼吁关注“二代移民”［EB/OL］．http：//www.chinanews.com.cn/sh/news/2007/01－28/862724.shtml.

12. 桑锦龙，雷虹，郭志成．我国城市流动人口随迁子女高中阶段入学问题初探［J］．教育研究，2009（7）．

13. 沈茹．城市农民工子女家庭教育问题及对策［J］．中国农业大学学报：社会科学版，2006（3）．

14. 孙红玲．浅论社会转型时期流动人口子女的教育公平问题［J］．教育科学，2001（2）．

15. 王智超．农民工子女就学的制度性障碍与建议［J］．东北师范大学学报，2007（6）．

16. 吴霓．民办农民工子女学校设置标准的政策困境及解决措施［J］．教育研究，2010（1）．

17. 吴霓．农民工随迁子女教育的五大趋势及对策［J］．当代教育科学，2010（7）．

18. 吴霓．农民工随迁子女教育的新趋势及对策［J］．求是，2010（7）．

19. 吴新慧，刘成斌．出路与保障——农民工子女教育的国家政策［J］．中国青年研究，2007（7）．

20. 徐丽敏．农民工随迁子女义务后教育：问题与对策［J］．教育发展研究，2009（6）．

21. 杨东平，王旗．北京市农民工子女初中后教育研究［J］．北京社会科学，2009（1）．

22. 袁新文．关注农民工子女初中后教育"我的课桌在哪里?"［N］．人民日报，2007－03－22．

23. 张春铭．农民工子女该如何踏进城市高中［N］．中国教育报，2010－01－20．

24. 张世文，王洋．"社会排斥"视角下的农民工子女教育问题［J］．长春工业大学学报：社会科学版，2008（1）．

25. 中央教育科学研究所教育发展研究部课题组．中国进城务工就业农民子女义务教育研究［J］．华中师范大学学报：人文社会科学版，2007（2）．

26. 中央教育科学研究所调研组．学有所教——为制定《国家中长期教育改革和发展规划纲要》提供的六十条建议［J］．教育研究，2009（3）．

27. 中央教育科学研究所课题组．进城务工农民随迁子女教育状况调研报告［J］．教育研究，2008（4）．

28. 朱凤丽．城市农民工子女教育的社会学分析［J］．福州党校学报，2006（5）．

29. 朱富言，李东．北京市流动人口数量变动趋势分析［J］．西北人口，2008（4）．

后记

中国城市化发展进程中的农民工子女教育问题，一直是政府和社会高度关注并试图不断解决的问题。无奈的是，由于我国社会发展变迁中的制度设计、改革措施乃至认识的不到位甚至缺位，加上我们现有的准备不足，使得这一问题在前一阶段问题得到缓解或解决之后，紧接着又出现了新的问题，而且这些问题还呈现出不断复杂化的趋势。这是一个令人棘手的困境，却又是社会发展难得的机遇。当我们打破了传统的城乡分治格局，实现了人员的自由流动之后，制度的建设便提上了议事日程，我国社会的发展变迁也呈现崭新的一页。历史给我们提供了一个发展的突破口，只有不断敢试敢闯，不断创新，才能不断前进。

因此，我们应以激动、赞许的心情来看待这一城乡流动现象。我们应以高度负责任、虔诚的态度来对待和解决农民工子女所面临的种种教育问题。其实，我们不应该把农民工子女教育问题视作麻烦和负担，而应该帮助他们从禁锢的农村中解脱出来，帮助他们圆一个梦想，这个梦想就是能够与城市人平等在城市生活的梦想。在这个意义上，一切借口、推诿乃至阻碍，都会显得那样的丑陋和猥琐。

作为一名教育研究工作者，我深深理解、同情农民工子女这一弱势群体所面临的困境，我一直在用自己微薄的力量，擎着研究的这一武器，投入到改变他们际遇和命运的战斗中。多年来，我和我的团队一如既往坚持开展农民工子女教育问题研究，到他们中间去倾听他们的呼声，了解他们的需求，调研各地政策的实施和效果，为国家和地方决策服务。多年来，我们从农民工子女面上问题的普遍调研，逐渐深入到农民工子女深层次问题的探索，以及对他们不断出现的与社会碰撞的问题的探究，力图不断为我们的国家决策提供有用的研究参考。这期间，我们撰写的报告得到国务院副总理回良玉、张德江的关注，我们的文章获得了中共中央理论刊物《求是》杂志总编的好评，并予以刊登。教育部将农民工子女教育研究项目秘书处设在由我负责的中央教育科学研究所教育政策研究中心，让我们承担起协调国内相关研究机构开展研究的重任。这些都给我们在这一领域不断开展研究和继续工作以极大的鼓励和促进。

农民工子女教育问题不单纯是教育领域的问题，更是一个复杂的社会问题。可喜的是，不少有识之士认可这样的判断，并与我们一起并肩战斗。香港乐施会对关于农民工子女异地中考研究项目的调研给予了经费资助，该机构原项目总监冯瑞安先生对我们的研究一直密切关注并大力支持，伏珍女士更是以一颗赤诚的心，推动着研究的每一步进展，正是他们的目光，让我们增添了克服困难不断前进的动力。

农民工子女异地中考研究项目由我任负责人，我们设计了研究计划、主持编制调研问卷并开展实地调研。这里，我要感谢西北师大教科院孙百才教授协助开展了兰州市的调研，贵阳学院教育系阳红教授协助开展了贵阳市的调研，我的研究生薛静波、张磊、王丽、廉恒鼎以及访问学者程秀杰参与了合肥市、石家庄市、北京市的调研！同时，还要感谢贵阳市教育局李秉中局长、河北省教育厅陈光华处长、安徽省教科院张守祥副院长对调研工作的大力支持和帮助！

全书由吴霓设计框架并统稿。

吴霓撰写第一章、第二章、第四章、第五章、第七章、第八章、后记。吴霓、朱富言撰写第三章、第九章、第十一章。朱富言撰写第十章、第十二章，整理附录一。吴霓、朱富言整理附录二。吴霓、薛静波撰写第六章。另外，我的研究生薛静波、张磊、王丽、廉恒鼎、访问学者程秀杰参与了问卷设计，赴五个城市的调研以及数据整理等工作。

关注、支持农民工子女教育问题和困境的人们当然不止这些，教育科学出版社的李东总编、刘明堂编辑、夏辉映编辑都是践行者，正是在他们的关心和扶持下，此书得以面世。

我想，我们正是以这样不同的方式，在社会发展的历史长卷中写下我们负责任的一笔，虽不浓墨重彩，却也清晰耿直。

吴　霓

二零一一年农历八月十五日于北京逸成书斋

2011年11月1日修改于北三环中路46号

出版人　所广一
责任编辑　夏辉映
版式设计　孙欢欢
责任校对　曲凤玲
责任印制　曲凤玲

图书在版编目（CIP）数据

农民工子女异地中考政策研究／吴霓等著．—北京：教育科学出版社，2011.12
ISBN 978－7－5041－6133－8

Ⅰ．①农…　Ⅱ．①吴…　Ⅲ．①流动人口—中考—教育政策—研究—中国　Ⅳ．①G639.20

中国版本图书馆CIP数据核字（2011）第237029号

农民工子女异地中考政策研究
NONGMINGONG ZINÜ YIDI ZHONGKAO ZHENGCE YANJIU

出版发行	教育科学出版社		
社　址	北京·朝阳区安慧北里安园甲9号	市场部电话	010－64989009
邮　编	100101	编辑部电话	010－64989363
传　真	010－64891796	网　址	http://www.esph.com.cn
经　销	各地新华书店		
制　作	北京金奥都图文制作中心		
印　刷	北京中科印刷有限公司		
开　本	169毫米×239毫米　16开	版　次	2011年12月第1版
印　张	14.75	印　次	2011年12月第1次印刷
字　数	225千	定　价	35.00元